*ASPECTOS FUNDAMENTAIS
DA LICITAÇÃO*

HERALDO GARCIA VITTA

ASPECTOS FUNDAMENTAIS DA LICITAÇÃO

ASPECTOS FUNDAMENTAIS DA LICITAÇÃO

© Heraldo Garcia Vitta

ISBN 978-85-392-0292-8

Direitos reservados desta edição por
MALHEIROS EDITORES LTDA.
Rua Paes de Araújo, 29, conjunto 171
CEP 04531-940 – São Paulo – SP
Tel.: (11) 3078-7205 – Fax: (11) 3168-5495
URL: www.malheiroseditores.com.br
e-mail: malheiroseditores@terra.com.br

Composição
PC Editorial Ltda.

Capa
Criação: Vânia Lúcia Amato
Arte: PC Editorial Ltda.

Impresso no Brasil
Printed in Brazil
03.2015

*Dedico este livro
ao eminente Professor* Celso Antônio Bandeira de Mello,
*cujos brilhantes ensinamentos, eternizados,
iluminam os caminhos de todos os que labutam
na seara jurídica.*

SUMÁRIO

APRESENTAÇÃO 13

SEÇÃO I – O FUNDAMENTO DA LICITAÇÃO

CAPÍTULO 1 – FUNDAMENTO CONSTITUCIONAL

1. **Particulares vs. Administração Pública: liberdade vs. vinculação** 15
2. **O art. 37, XXI, da Constituição** 18
    2.1 Princípio da legalidade 18
    2.2 Isonomia de tratamento 18
    2.3 Condições das propostas mantidas 18
    2.4 Qualificação técnica dos interessados 19
3. **O art. 175 da Constituição** 19
4. **O art. 173, § 1º, III, da Constituição: estatais de atividade econômica** 19
5. **O art. 22, XXVII, da Constituição** 20
    5.1 Conceito de normas gerais 21
    5.2 Aplicação supletiva da Lei 8.666/1993, inclusive no RDC (Regime Diferenciado de Contratações) 21

CAPÍTULO 2 – CONCEITO JURÍDICO DE LICITAÇÃO

1. **Componentes ou elementos. Os princípios da Administração Pública** 25
    1.1 Processo ou procedimento administrativo 26
    1.2 Impugnação e invalidação 26
    1.3 Procedimento "ampliativo" da esfera jurídica 27
    1.4 Procedimento formal 27
        1.4.1 Invalidação 28
        1.4.2 Regime Diferenciado de Contratação (RDC, Lei 12.462/2011): fases 28

ASPECTOS FUNDAMENTAIS DA LICITAÇÃO

  1.4.3 *A Lei 8.666/1993 (Estatuto Licitatório): fases* 30
1.5 *Julgamento objetivo* 30
1.6 *Finalidade: seleção da melhor proposta* 30
1.7 *Finalidade: desenvolvimento nacional sustentável – ambiental, econômica e sociopolítica* 31
1.8 *(Outros) Princípios da Administração* 31
  1.8.1 *Princípio da legalidade (retomada do tema)* 32
  1.8.2 *Princípio da impessoalidade* 32
  1.8.3 *Princípio da igualdade (retomada do tema)*
    1.8.3.1 Critérios de desempate das propostas (no Estatuto e no RDC) 32
    1.8.3.2 Preferência ao pequeno e microempresário nacional (Lei Complementar 123/2006, com redação da LC 147, de 2014). Extensão às cooperativas. Extensão às obras 34
    1.8.3.3 Aquisição de bens e serviços de informática 38
  1.8.4 *Princípio da publicidade* 39
  1.8.5 *Princípio da moralidade. Probidade administrativa* 40
  1.8.6 *Princípio da vinculação ao instrumento convocatório. A impugnação ao edital* 40
2. **A margem de preferência – Regime jurídico** 42
3. **As especificações técnicas: o desenvolvimento sustentável** 45
  3.1 *Desenvolvimento nacional sustentável (retomada do tema)* 46
    3.1.1 *Especificações ambientais* 47
    3.1.2 *Especificações de desempenho* 48
    3.1.3 *Especificações de método de produção* 48
  3.2 *Fundamento jurídico* 48
4. **As medidas de compensação – Regime jurídico** 49
5. **Licitação restrita a bens e serviços nacionais** 50

Seção II – Regime Jurídico das Licitações

Capítulo 1 – Órgãos e Entidades que Licitam

1. **Quem deve licitar**
  1.1 *Aspectos gerais* 53
  1.2 *Estatais. Inexigibilidade de licitação* 54
  1.3 *Consórcios e convênios* 56
    1.3.1 *Consórcios públicos* 56
    1.3.2 *Convênios, Organizações Sociais (OSs) e Organizações da Sociedade Civil de Interesse Público (Oscips)*
      1.3.2.1 Linhas gerais. As legislações 57
      1.3.2.2 OSs: dispensa de licitação. Situação única 63

CAPÍTULO 2 – **REQUISITOS BÁSICOS DA LICITAÇÃO**
1. **Considerações iniciais**
   1.1 Execução de obras e prestação de serviços 65
   1.2 Licitação de imenso vulto: audiência pública 66
   1.3 Projeto básico: críticas ao RDC 67
   1.4 Orçamento sigiloso no RDC: imoralidade 69
   1.5 Compras; o sistema de registro de preços no Estatuto e no RDC   71
2. **Vedações na Lei de Licitações (Estatuto) e no RDC**
   2.1 Proibições no Estatuto 73
        2.1.1 Quanto ao objeto 74
        2.1.2 Quanto aos licitantes 75
   2.2 Proibições no RDC 77

CAPÍTULO 3 – **PRESSUPOSTOS DA LICITAÇÃO**
1. **Lógico, jurídico e fático** 79
   1.1 No plano lógico 79
   1.2 No plano jurídico 80
   1.3 No plano fático 80
2. **Desdobramentos**
   2.1 Licitação fracassada 80
   2.2 Licitação deserta 81
   2.3 Inexigibilidade de licitação 81
        2.3.1 Bens e serviços singulares 81
               2.3.1.1 Preferência de marca; padronização, inclusive no
                        RDC 82
        2.3.2 Serviços técnicos 86
        2.3.3 Profissional do setor artístico 87
        2.3.4 Fundamentação 87
   2.4 Responsabilidade solidária 88
   2.5 Dispensa da licitação
        2.5.1 Breves comentários. Fundamentação. Licitação dispensada 88
        2.5.2 Licitação dispensável 90

SEÇÃO III – **O PROCEDIMENTO LICITATÓRIO**

CAPÍTULO 1 – **A HABILITAÇÃO DOS CONCORRENTES**
1. **Ordem geral** 93
   1.1 Conceito de habilitação 95
   1.2 No convite 96
   1.3 Na tomada de preços 96
   1.4 Na concorrência 96

1.5   No concurso 97
1.6   No leilão 97
2. **Inabilitação superveniente**
2.1   Art. 43, § 5º 98
2.2   Execução do contrato 99
3. **Desistência da proposta**
3.1   Limite temporal 100
3.2   Consequências 100
3.3   Justificativas 100
4. **Documentação**
4.1   Habilitação jurídica: licitação interna e internacional 101
4.2   Regularidades fiscal e trabalhista. Críticas. O "pequeno empresário" (Lei Complementar 123/2006, com redação da LC 147, de 2014) 104
4.3   O art. 7º, XXXIII, da CF 107
4.4   Qualificação técnica: genérica, específica, operativa, técnico-profissional. A metodologia de execução 107
4.5   Qualificação econômico-financeira 109
5. **Outras questões**
5.1   Recursos administrativos 110
5.2   Consórcios de empresas 110

Capítulo 2 – As Modalidades Fundamentais de Licitação 113
1. **Agências Reguladoras (em geral)**
1.1   Consulta e pregão 114
1.2   Concessão de serviços de telecomunicações 117
2. **Agência Nacional do Petróleo**
2.1   Diretrizes 118
2.2   Petrobrás. O inconstitucional Decreto 2.745/1998 118
3. **Pregão: Lei 10.520, de 17.7.2002**
3.1   Regime jurídico 119
3.2   Entidades que recebem verbas da União. OSs e Oscips: regime .. 120
3.3   Sistema de registro de preços 123
3.4   Serviços de publicidade 124
3.5   Casos em que se admite o pregão 124
3.6   Procedimento 125
4. **As modalidades da Lei 8.666/1993**
4.1   Linhas gerais 126
   4.1.1   Critério de valor do objeto. Consórcios públicos 127
   4.1.2   Edital e carta-convite. Princípio da publicidade (retomada) 128
4.2   Concorrência
   4.2.1   Conceito 128

4.2.2	Casos em que é adotada	129
4.2.3	Qualificação preliminar	130
4.2.4	Pré-qualificação	
	4.2.4.1 Noção	130
	4.2.4.2 No RDC	131

4.3 Tomada de preços
    4.3.1 Conceito 131
    4.3.2 Registros cadastrais 131

4.4 Convite
    4.4.1 Conceito 133
    4.4.2 Comissão licitatória 134
    4.4.3 Instrumentos de pagamento 134

4.5 Concurso
    4.5.1 Conceito 135
    4.5.2 Exaurimento 135
    4.5.3 Comissão licitatória 136
    4.5.4 Inexigibilidade 136

4.6 Leilão
    4.6.1 Características 136
    4.6.2 Venda de móveis. Alienação de mercadorias estrangeiras apreendidas 137
    4.6.3 Alienação de imóveis 138

CAPÍTULO 3 – O JULGAMENTO DAS PROPOSTAS

1. Generalidades
    1.1 Tipos de licitação 141
    1.2 Classificação 142
    1.3 Padrões quantitativos 142
    1.4 Critérios objetivos de julgamento 143
    1.5 Empate nas propostas 143
    1.6 Mais de uma proposta vencedora
        1.6.1 Na Lei 8.666/1993: licitações por itens e bens de natureza divisível
            1.6.1.1 Aspectos centrais. Fracionamento e execução parcial da obra ou serviço 145
            1.6.1.2 Qualificação dos concorrentes 148
        1.6.2 No RDC: execução do mesmo serviço 148
    1.7 Inabilitação de todos os concorrentes. Desclassificação de todas as propostas 148
    1.8 Desistência da proposta. Consequências 149
    1.9 Recursos administrativos
        1.9.1 Na Lei 8.666/1993 150
        1.9.2 No RDC 150

2. Critérios de julgamento 150
2.1 Menor preço 150
2.2 Melhor técnica e técnica e preço
2.2.1 Regra básica 152
2.2.2 Bens e serviços de informática 152
2.2.3 Situações excepcionais: licitação de "grande vulto" ... 152
2.2.4 Procedimento: melhor técnica 153
2.2.5 Procedimento: técnica e preço 154
2.3 Maior lance ou oferta 154
3. Homologação e adjudicação
3.1 Fases do procedimento (retomada) 154
3.2 Direito subjetivo ao contrato 156
3.3 Representação à autoridade superior 157
3.4 Revogação e invalidação do procedimento. Requisitos. O devido processo legal (e os consectários dele) 157
4. Comissão licitatória (e outras)
4.1 Natureza 162
4.2 Espécies: permanente e especial 162
4.3 Composição
4.3.1 Considerações 163
4.3.2 No RDC 165
4.4 Impedimentos 166
4.5 Responsabilidades
4.5.1 Requisitos 167
4.5.2 Exigência de culpa 167
4.5.3 Ônus probatório 168
4.5.4 Conclusão (parcial) 169
4.6 Outras comissões. Responsabilidades 170

CAPÍTULO ÚNICO – CONSIDERAÇÕES FINAIS AO **RDC** (CRÍTICAS) 175

BIBLIOGRAFIA 185

APRESENTAÇÃO

1. Ao longo dos anos, de forma paulatina, devido à atuação no cotidiano forense e na academia, constatei como os antigos cultores do Direito estavam certos quando destacavam a necessidade do conhecimento dos *institutos jurídicos*, pois, a partir destes, compreende-se a *totalidade da ordem normativa*.

Esse *aprendizado* revelou-se, para mim, em dois momentos distintos, porém, interligados: (a) nas *experiências diárias*, ou seja, no exercício da Promotoria de Justiça e da Magistratura, sucessivamente, além do Magistério; e (b) nos *estudos teoréticos* do Direito, visando à elaboração de *monografias jurídicas*, as quais foram tracejadas, no transcorrer do mestrado e do doutorado, numa *perspectiva ou abordagem geral*.

2. Assim, *este trabalho* tem o mesmo destino; a finalidade é estabelecer as *linhas gerais* do *procedimento licitatório*, (sedimentado na *Lei 8.666, de 21 de junho de 1993*), num perfil *contextualizado e resumido*, por meio de comentários das principais *legislações* (*leis e decretos*) a respeito do tema.

3. Sem embargo, o livro perpassa, *com críticas*, por disposições da Lei 12.462, de 5 de agosto de 2011 (*Regime Diferenciado de Contratações Públicas – RDC*). Ademais, dentre outras legislações, refere, em breve trecho, à Lei 13.019, de 31 de julho de 2014, que estabelece *normas gerais* quanto à parceria das entidades políticas, autarquias e fundações, e estatais prestadoras de serviços públicos com *organização da sociedade civil*.

4. Assim, apresento ao leitor um singelo estudo sobre Procedimento Licitatório, tema, por si só, árduo; analiso, nele, as *principais* regras contidas na Lei 8.666/1993, com comentários de alguns dispositivos da Lei 12.462 (RDC), e legislações correlatadas, numa base *teórica essencial*, a fim de *assegurar*, aos interessados, os *meios* necessários para conhecimento da matéria.

Para facilitar a leitura, há citações de textos legislativos (leis e decretos), tanto no corpo do livro, como nas notas de rodapés. Isso facilita o entendimento do tema, bem como atende à *finalidade geral e ampla* da obra.

O Autor

SEÇÃO I – O FUNDAMENTO DA LICITAÇÃO

CAPÍTULO 1
FUNDAMENTO CONSTITUCIONAL

1. Particulares vs. Administração Pública: liberdade vs. vinculação. 2. O art. 37, XXI, da Constituição: 2.1 Princípio da legalidade; 2.2 Isonomia de tratamento; 2.3 Condições das propostas mantidas; 2.4 Qualificação técnica dos interessados. 3. O art. 175 da Constituição. 4. O art. 173, § 1º, III, da Constituição: estatais de atividade econômica. 5. O art. 22, XXVII, da Constituição: 5.1 Conceito de normas gerais; 5.2 Aplicação supletiva da Lei 8.666/1993, inclusive no RDC (Regime Diferenciado de Contratações).

1. Particulares vs. Administração Pública: liberdade vs. vinculação

1. A *autonomia da vontade* é o mote nas relações jurídicas entre *particulares*, pois estes têm liberdade para estipular, à medida de seus interesses, os *fins e meios* de atuação. Logo, os liames dos particulares não contêm, *de regra*, vinculações determinadas pelas *normas de Direito Público*.[1]

---

1. Esse entendimento é correto até certo ponto: o ordenamento exige dos particulares o exercício dos respectivos direitos *sem extrapolar a ordem social e jurídica*; não podem *exercê-los* com abuso (*abuso de direito*). Ademais, o direito de propriedade *dinâmica*, *ativa* (de repercussão social) deve ser *exercido* mediante *função social*: fala-se em *função social da propriedade* (art. 5º, XII e XXIII, da CF); a propriedade submete-se às *normas de Direito Público* – constitucionais, ambientais, urbanísticas etc. (Heraldo Garcia Vitta, *Poder de Polícia*, Malheiros Editores, 2010, pp. 80 e ss.). Pode-se referir, ainda, à função social do contrato, da pessoa jurídica etc. Assim, a autonomia da vontade dos particulares cede às *normas imperativas*, inclusive de Direito Privado, pois são *inderrogáveis, pelas partes*.

1-A. De outra parte, o *Estado* está *vinculado*, necessariamente, às normas regidas pelo *Direito Público*; atua *nos termos* da Constituição e das *leis*, que lhe inculca, *quando menos*, a *competência* (conjunto de atribuições = deveres) *e o fim* (interesse público = *finalidade cogente*).²

Isso porque, a Administração *deve* curar o interesse da coletividade (*função é dever de atuar em prol do interesse de outrem*), de acordo com *princípios, valores, bens e interesses*, consubstanciados, sobretudo, na Constituição.

Para esse desiderato, o Poder Público detém *prerrogativas*, estabelecidas em leis, ou decorrentes do *sistema jurídico*. Essas prerrogativas estatais advêm de dois princípios, que são verdadeiros pilares, ou sustentáculos, do *Direito Administrativo*: a *indisponibilidade do interesse público* e a *supremacia do interesse público sobre o particular*.³ Entretanto, esses princípios seculares estão limitados, contidos, circunscritos, aos ditames do Texto Constitucional, especialmente no âmbito dos *direitos e garantias fundamentais*.

1-B. Parte da doutrina pretende impingir "nova receita" à Administração, para curar o interesse público, ou seja, ela atuaria muito mais por "transações", "acordos" (do gênero), do que de forma unilateral.⁴

Contudo, não se tem como olvidar de uma *realidade insuperável*, porque baseada em fatos e em considerações de ordem *teórica*. Trata-se da distinção entre Direito Público e Direito Privado. *Metodologicamente*, a diferença tem relevo.

Embora o discrime não seja fácil de ser identificado, devido às divergências doutrinárias quanto aos critérios que o presidem, pode-se deslindar, de forma relativamente fácil, os *liames* de um e de outro. Assim,

---

2. Contudo, a Administração tem interesse particular, pessoal, ou seja, da própria entidade. Trata-se de *interesse secundário*, subjetivo, patrimonial, do sujeito titular. Ao contrário, há o *interesse público primário*, no qual a Administração visa à satisfação das necessidades, ou dos interesses, da *coletividade* (Renato Alessi, *Principi di Diritto Amministrativo*, vol. I, Giuffrè Editore, 1974, p. 226, nota 3). Mas, o interesse secundário da Administração só pode efetivar-se *à medida* do interesse primário. A propósito: Celso Antônio Bandeira de Mello (*Curso de Direito Administrativo*, 32ª ed., Malheiros Editores, 2015, ns. 43 e ss.).

3. Celso Antônio Bandeira de Mello, *Curso de Direito Administrativo*, 32ª ed., pp. 70 e ss.

4. Nessa relação consensual com o particular, a Administração teria ampla discricionariedade, inclusive quanto aos fins e meios. Essa situação deve ser vista com recato, pois, tanto quanto possível, compete à *lei* descrever os termos da ação administrativa.

no Direito Público, há relação de *subordinação* do particular em face do Estado, por conta das *prerrogativas* deste; enquanto que, no Direito Privado, os liames são de *coordenação*, pois os indivíduos da relação encontram-se num mesmo plano.

Como explica Gordillo, a distinção, em parte, tem raiz *sociológica*, pois, em geral, as relações do Estado afetam o interesse público; já, aquelas, de Direito Privado, atinam aos indivíduos.

Adverte o autor, a distinção não pode ser extraída *a priori*. Transcrevemos, abaixo, as sobranceiras palavras desse competente professor, devido à importância de que se revestem:

> (...) no se trata de que las normas de derecho público tengan una estructura diferente de las del derecho privado, ni que matemáticamente unas y otras contemplen situaciones de interés general y de interés individual, sino tan solo que las leyes que rigen las relaciones del Estado con los particulares van acumulando prerrogativas y privilegios para el Estado, y que algunos de los principios de tales leyes deben regular situaciones que no se dan sino en el caso del Estado: todo lo relativo a la organización, funcionamiento y actividad de los poderes públicos y el control de los servicios públicos monopolizados emplea principios diversos de los del derecho común. Esas prerrogativas y disposiciones peculiares constituyen un todo estructurado y regido por principios propios: las que empiezan siendo excepciones se tornan norma general, y así las reglas del derecho privado se ven desplazadas por aquéllas. Es lógico independizar metodológicamente a ese conjunto de principios correlativos y concordantes entre sí, que resultan discordantes y extraños al derecho privado.[5]

1-C. Assim, ao contrário dos particulares, a Administração tem *dever de cumprir* a *finalidade cogente*,[6] imposta, na maior parte das vezes, pela *lei* (a *Constituição* pode estabelecê-la); logo, a Administração só pode fazer aquilo que a *lei a autoriza*. É o regime jurídico *adotado no Direito brasileiro* (arts. 5º, *caput*, I; 37, *caput*; e 84, IV, da CF).

Ver-se-ão, portanto, a seguir, quais sãos os lindes jurídicos do Poder Público, especificamente no tema tratado neste estudo.

5. *Tratado de Derecho Administrativo*, t. I, 5ª ed., Fundación de Derecho Administrativo, 1998, pp. V-24.
6. No Direito brasileiro, o jurista gaúcho Ruy Cirne Lima sintetiza: "À relação que se estrutura ao influxo de uma finalidade cogente chama-se relação de administração" (*Princípios de Direito Administrativo*, 7ª ed., Malheiros Editores, 2007, p. 51).

2. O art. 37, XXI, da Constituição

2. O *instituto jurídico* denominado *licitação* tem *fundamento constitucional*. Dispõe o art. 37, XXI, da Constituição Federal:

> (...) ressalvados os casos especificados na legislação, as obras, serviços, compras e alienações serão contratados mediante processo de licitação pública que assegure igualdade de condições a todos os concorrentes, com cláusulas que estabeleçam obrigações de pagamento, mantidas as condições efetivas da proposta, nos termos da lei, o qual somente permitirá as exigências de qualificação técnica e econômica indispensáveis à garantia do cumprimento das obrigações.

Desse dispositivo, extraímos *diretrizes fundamentais* do procedimento licitatório, que constituem *molduras, ou limites, às diversas leis* regedoras do tema, no Brasil. São lindes, portanto, dirigidos não apenas ao administrador, mas, ao *legislador*.

2.1 Princípio da legalidade

O procedimento licitatório deve estar contido em leis; é o *princípio da legalidade*, já referido, expresso no art. 37, *caput*, da Constituição.

Para *segurança jurídica* dos particulares e da própria Administração, a licitação deve estar plasmada, suficientemente, em *leis*. Regulamentos e demais atos jurídicos da Administração, devem apenas "complementar" os dados contidos na norma legal.

2.2 Isonomia de tratamento

Obras, compras, serviços e alienações precisam ser contratados mediante processo, ou procedimento (utilizaremos como palavras sinônimas) *prévio*, denominado licitação, no bojo do qual deve haver *isonomia de tratamento* dos concorrentes, a par de cláusulas que estabeleçam as obrigações de pagamento. Trata-se de aplicação do *princípio da igualdade*.

2.3 Condições das propostas mantidas

As condições das *propostas* devem ser mantidas, ao longo do procedimento, com base no *instrumento convocatório* (edital, ou convite), o qual deve conter regras e critérios para o *julgamento* do certame (que deve ser *objetivo*), *nos termos da lei*.

2.4 Qualificação técnica dos interessados

Finalmente, a exigência de *qualificação técnica e econômica* dos concorrentes adstringe-se à garantia do *cumprimento das obrigações*, considerado o objeto a ser contratado. Cuida-se de aplicação do *princípio da proporcionalidade*; assim, justa medida deve haver entre a *habilitação* dos interessados e o *objeto da licitação*.

3. O art. 175 da Constituição

3. Da mesma forma, o art. 175, do Texto Constitucional, determina a necessária licitação, nos casos de *concessão e permissão* de serviços públicos. Assim, o Estado não pode transferir ao particular o exercício de serviço público (a rigor, obra, também)[7] sem certificar-se de que escolheu, por licitação, *o melhor* pretendente (*rectius*: a melhor proposta).

4. O art. 173, § 1º, III, da Constituição: estatais de atividade econômica

4. Já, o art. 173, § 1º, III, da Constituição Federal, referido no art. 22, XXVII (v. *infra*), determina à lei estabelecer o *estatuto jurídico das estatais* (empresas públicas e sociedades de economia mista, além de suas subsidiárias) exploradoras de atividade econômica, o qual deve dispor – dentre outros requisitos – sobre normas de *licitação e contratação*, *observados os princípios da licitação*.

Logo, poderão advir leis que estabeleçam regras da *licitação para estatais exploradoras de atividade econômica*; enquanto essa legislação (estatuto das estatais) não for promulgada, empresas públicas e sociedades de economia mista (estatais), que atuam na atividade econômica – assim como ocorre com as homônimas que atuam no serviço público –, submetem-se, a rigor, às normas da *Lei Geral de Licitações* (Lei 8.666/1993).[8]

Contudo, parte da doutrina entende que o citado dispositivo constitucional abrange também *estatais prestadoras de serviços públicos*; e estatais que exercem atividades de *suporte à própria Administração*

---

7. Na concessão e permissão, o Estado trespassa ao particular apenas o *exercício* da atividade, pois continua senhor, *titular do serviço público*.

8. Há estatais de atuação na atividade econômica (exemplos: Banco do Brasil, Caixa Econômica Federal) e outras que atuam na prestação de serviços públicos (Correios).

Pública (planejamento, desenvolvimento, processamento de dados, urbanismo, pesquisa etc.).[9]

5. O art. 22, XXVII, da Constituição

5. Dispõe o art. 22, XXVII, do Texto Constitucional, com redação dada pela Emenda Constitucional 19/1998:

Art. 22. Compete privativamente à União legislar sobre:

(...).

XXVII – normas gerais de licitação e contratação, em todas as modalidades, para as administrações públicas diretas, autárquicas e fundacionais da União, Estados, Distrito Federal e Municípios, obedecido o disposto no art. 37, XXI, e para as empresas públicas e sociedades de economia mista nos termos do art. 173, § 1º, III.

5-A. Ao verificarmos esse dispositivo, de forma *analítica*, podemos elaborar algumas considerações.

Compete apenas à *União* estabelecer *normas gerais* de *licitação e contratação*, de aplicação *obrigatória* às administrações públicas, direta e indireta, da *União*, dos *Estados*, do *Distrito Federal* e dos *Municípios*.

Como se sabe, a referida lei geral é a Lei 8.666/1993. Já, a Lei 13.019, de 31.7.2014, estabelece o regime jurídico (*normas gerais*) das *parcerias voluntárias*, envolvendo ou não transferências de recursos financeiros, estabelecidos pela União, Estados, Distrito Federal, Municípios e respectivas autarquias, fundações, empresas públicas e sociedades de economia mista prestadoras se serviço público, e suas subsidiárias, com *organizações da sociedade civil, sem fins lucrativos*, em regime de mútua cooperação, para a consecução de finalidades de interesse público.

Destaque-se, neste momento, não se aplicam as exigências dessa lei, dentre outros casos, citados no art. 3º, "aos contratos de gestão celebrados com *organizações sociais*, na forma estabelecida pela Lei n. 9.637, de 15 de maio de 1998" (inc. III, g.n.). Já, quanto às *organizações da sociedade civil de interesse público*, regidas por termos de parceria

---

9. É o caso de Antônio Carlos Cintra do Amaral, *Comentando as Licitações Públicas*, Temas & Ideias Editora, 2002 p. 52.

com o Poder Público (Lei 9.790, de 23.3.1999), aplicam-se as disposições da Lei 13.019, *no que couber* (cf. art. 4º dessa legislação).[10]

5.1 Conceito de normas gerais

6. O *conceito de normas gerais* não é uniforme na doutrina. Normas gerais seriam aquelas que: (a) dispõem sobre diretrizes, fundamentos, princípios e critérios de licitação; (b) podem ser aplicadas, uniformemente, em todas as entidades políticas, sem causar danos aos interesses locais ou regionais; e (c) contêm "padrão mínimo de conduta a ser observado por todos entes políticos, fixando um plexo mínimo de garantias".

Essas noções são fundadas nos ensinamentos sempre precisos de Celso Antônio Bandeira de Mello.[11]

Dessa forma, Estados e Municípios legislam sobre *questões específicas*, peculiares, respeitadas as *normas gerais* da União. Trata-se, pois, de *competência legislativa concorrente* entre entidades políticas.

5.2 Aplicação supletiva da Lei 8.666/1993, inclusive no RDC (Regime Diferenciado de Contratações)

7. A Lei 8.666, de 21.6.1993 (neste trabalho, doravante chamada *Estatuto*) é a *legislação fundamental*, considerada, no todo, *normas gerais de licitação* e *contratação* (cf. art. 22, XXVII, da CF).

Como essa legislação é o *arcabouço jurídico* da licitação, deve ser aplicada, de forma *complementar* (subsidiária), às licitações de "regime especial" (parcerias público-privadas – Lei 11.079/2004; concessão de serviço e obra públicos – Lei 8.987/1995 etc.). Noutro dizer, aplica-se a Lei 8.666/1993, *subsidiariamente*, às normas de licitações contidas em *leis específicas*.

Só por esse argumento, as leis de "regime especial" de licitação não precisariam *determinar*, *expressamente*, a aplicação subsidiária da

---

10. Seção II – Regime Jurídico das Licitações – Capítulo I – Órgãos e Entidades que Licitam, I – Quem deve licitar – "c.2": Convênios, Organizações Sociais (OSs) e Organizações da Sociedade Civil de Interesse Público (Oscips).

11. *Curso de Direito Administrativo*, 32ª ed., pp. 536 e ss.; nesse sentido, artigo do mesmo autor, "O conceito de normas gerais no Direito Constitucional brasileiro", *Interesse Público*, vol. 13, n. 66, Belo Horizonte, mar./abr. 2011, pp. 15-20, *apud* Maurício Zockun, "Apontamentos do regime diferenciado de contratação à luz da Constituição da República", em Márcio Cammarosano, Augusto Neves Dal Pozzo e Rafael Valim (coords.), *Regime Diferenciado de Contratações Públicas, Aspectos Fundamentais*, 2ª ed., Fórum, 2012, pp. 22-23.

Lei 8.666/1993, pois, decorre do próprio *sistema jurídico* (interpretação sistemática) a aplicação subsidiária desta.

8. Apesar disso, a Lei 12.462, de 5.8.2011,[12] que regula o *Regime Diferenciado de Contratações Públicas* (doravante *RDC*),[13-14] no art. 1º, § 2º, estabelece regra segundo a qual a opção pelo regime (RDC) deve constar de *forma expressa* no *instrumento convocatório*, e "*resultará no afastamento das normas contidas na Lei n. 8.666, de 21 de junho de 1993, exceto nos casos expressamente previstos nesta Lei*" [Lei 12.462 – RDC].

9. Ora, o simples fato de o *instrumento convocatório* optar pelo regime da Lei 12.462 não pode conduzir o intérprete a buscar, necessariamente, vias menos prestantes para o interesse público.

Com efeito, (a) por imperiosa necessidade *metodológica*, quanto à *interpretação e aplicação* de normas jurídicas; (b) devido às implicações de ordem moral (princípio da *moralidade administrativa*); (c) por conta do princípio da *eficiência*, desdobramento do *dever de boa administração* – princípio esse ligado, umbilicalmente ao da *economicidade* [para aqueles que o adotam] e ao da *competitividade*; e (d) do princípio da *razoabilidade*, encarecido, inúmeras vezes, nos tribunais do país, deve-se aplicar, *subsidiariamente* (ao RDC), a Lei 8.666/1993 – *norma geral de licitações*.[15]

12. Trata-se de *legislação especial*; por ser especial, não veicula norma geral. Ou, no rigor técnico, a *lei* do RDC é *especial* (restringe-se às hipóteses por ela estabelecidas), e *norma especial* não fixa balizas elementares; desce a pormenores, e não traz garantias mínimas para tutela do interesse público. Cf. Maurício Zockun, art. e ob. cits., pp. 23-24. Segundo este autor, a lei é *inconstitucional, porque ofende* os arts. 22, XXVII, e 24, § 2º, da CF (idem, p. 27).

13. Referida legislação tinha, a princípio, eficácia até 2016, pois, destinava-se às licitações e contratos necessários aos Jogos Olímpicos e Paraolímpicos e à Copa do Mundo. Porém, o RDC estendeu-se a diversas hipóteses, contempladas em leis esparsas, que modificaram a legislação originária.

14. A Lei 12.688 (RDC) foi regulamentada pelo Decreto 7.581, de 11.10.2011, alterado pelo Decreto 8.080, de 20.8.2013 e pelo Decreto 8.251, de 23.5.2014; já o Decreto de 13.9.2012 instituiu o *Comitê Gestor dos Jogos Olímpicos e Paraolímpicos de 2016* (*DJU* 14.9.2012, Seção I, p. 1).

15. Dal Pozzo afirma: "(...) em uma análise ainda perfunctória, a constitucionalidade do referido dispositivo *[§ 2º, do art. 1º, do RDC]* parece ser bastante discutível, por entendermos que o regime geral de licitações e contratos administrativos deve ser aplicado subsidiariamente ao sistema concebido no RDC" ("Panorama geral dos regimes de execução previstos no regime diferenciado de contratações: a contratação integrada e seus reflexos", em Márcio Cammarosano, Augusto Neves Dal Pozzo e Rafael Valim (coords.), *Regime Diferenciado de Contratações Públicas, Aspectos*

10. A aplicação da Lei 8.666/1993, subsidiariamente, ao regime contido na Lei 12.462, é *exigência constitucional*, porque o art. 22, XXVII, da Constituição, determina o *dever jurídico*, inarredável, da União, para *legislar sobre normas gerais de licitação e contratação*, para toda a Administração Pública (*da União, dos Estados, do Distrito Federal e dos Municípios*).

Se a própria Constituição Federal *determina* a elaboração, pela entidade competente, de normas com *aplicação obrigatória a todas as entidades políticas*, não teria sentido lógico – e nem jurídico – a exclusão delas do Regime Diferenciado de Contratação (RDC).

Logo, *elaborada a legislação* (Lei 8.666/1993), ela tem pertinência *obrigatória* a todos os entes da Administração Pública (quanto aos Estados e Municípios, somente ao respeito das normas gerais, conforme determina o art. 37, XXVII, da CF, com redação da EC 19/1998).

11. Evidentemente, se dada norma da Lei 8.666/1993 for incompatível com o regime, ou *finalidade de interesse público*, instituído no RDC, então, sim, ela não seria aplicada. Isso é de evidência solar. Contudo, para que isso ocorra, é necessário fundamentação, a fim de contrastar a situação fática à legislação de regência.

12. Portanto, o Estatuto Jurídico de Licitações e Contratos Administrativos (Lei 8.666/1993) aplica-se, a rigor, subsidiariamente, ao Regime Diferenciado referido na Lei 12.462, de 5.8.2011; *exceto* se, *perante a situação concreta*, considerando-se a peculiaridade do regime RDC, a norma da Lei 8.666/1993 for incoerente, sem sentido, ou cause danos justamente ao interesse público protegido pela lei do RDC.

12-A. Assim, como *regra básica*, o decreto que regulamenta o RDC (Decreto 7.581, de 11.10.2011) *não pode* estabelecer parâmetros normativos, diferentes daqueles constantes na Lei 8.666/1993; exceto se houver *justificação plausível*, para atender, operacionalizar, as *normas contidas na lei do RDC*.[16-17]

Fundamentais, 2ª ed., cit., p. 52). É o entendimento também de João Negrini Neto, estabelecido no mesmo livro (*Regime Diferenciado de Contratações Públicas, Aspectos Fundamentais*, 2ª ed., cit., p. 85), no tópico "Hipóteses de desclassificação das propostas e critérios de desempate previstos no regime diferenciado de contratações".

16. No sentido de que a Lei n. 12.462 não poderia ter afastado a aplicação da norma geral de licitações: Maurício Zockun, Rafael Valim e Augusto Dal Pozzo ("O regime diferenciado de contratações", Jornal *Valor Econômico – Legislação e Tributos*, 23.8.2012).

17. O tema tem relevância, pois, conforme se sabe, o RDC pode ser aplicado em diversas hipóteses.

Capítulo 2
Conceito Jurídico de Licitação

1. Componentes ou elementos. Os princípios da Administração Pública: 1.1 Processo ou procedimento administrativo; 1.2 Impugnação e invalidação; 1.3 Procedimento "ampliativo" da esfera jurídica; 1.4 Procedimento formal: 1.4.1 Invalidação; 1.4.2 Regime Diferenciado de Contratação (RDC, Lei 12.462/2011): fases; 1.4.3 A Lei 8.666/1993 (Estatuto Licitatório): fases; 1.5 Julgamento objetivo; 1.6 Finalidade: seleção da melhor proposta; 1.7 Finalidade: desenvolvimento nacional sustentável – ambiental, econômica e sociopolítica; 1.8 (Outros) Princípios da Administração: 1.8.1 Princípio da legalidade (retomada do tema); 1.8.2 Princípio da impessoalidade; 1.8.3 Princípio da igualdade (retomada do tema): 1.8.3.1 Critérios de desempate das propostas (no Estatuto e no RDC); 1.8.3.2 Preferência ao pequeno e microempresário nacional (Lei Complementar 123/2006, com redação da LC 147, de 2014). Extensão às cooperativas. Extensão às obras; 1.8.3.3 Aquisição de bens e serviços de informática; 1.8.4 Princípio da publicidade; 1.8.5 Princípio da moralidade. Probidade administrativa; 1.8.6 Princípio da vinculação ao instrumento convocatório. A impugnação ao edital. 2. A margem de preferência – Regime jurídico. 3. As especificações técnicas: o desenvolvimento sustentável: 3.1 Desenvolvimento nacional sustentável (retomada do tema); 3.1.1 Especificações ambientais; 3.1.2 Especificações de desempenho; 3.1.3 Especificações de método de produção; 3.2 Fundamento jurídico. 4. As medidas de compensação – Regime jurídico. 5. Licitação restrita a bens e serviços nacionais.

1. Componentes ou elementos. Os princípios da Administração Pública

13. Dispõe o art. 3º, *caput*, da Lei 8.666/1993, com redação alterada pela Lei 12.349, de 15.12.2010:

Art. 3º. A licitação destina-se a garantir a observância do princípio constitucional da *isonomia*, a *seleção da proposta mais vantajosa* para a administração e a *promoção do desenvolvimento nacional sustentável* e será processada e julgada em *estrita conformidade* com os princípios básicos da legalidade, da impessoalidade, da moralidade, da igualdade, da publicidade, da probidade administrativa, da vinculação ao instrumento convocatório, do julgamento objetivo e dos que lhe são correlatos (g.n.).

Podemos decompor, portanto, esses dados, constantes na referida norma legal.

1.1 Processo ou procedimento administrativo

Cuida-se de processo ou *procedimento administrativo*, isto é, série de atos administrativos concatenados, interdependentes (autonomia relativa dos atos), numa cadeia lógica, visando ao resultado (ato) final.

Logo, pode haver, em tese, *impugnação de cada fase*, mediante interposição dos recursos administrativos, admitidos no ordenamento (*revisibilidade*), por conta do *princípio do devido processo legal* (art. 5º, LIV e LV, da CF).[1]

1.2 Impugnação e invalidação

14. Além do *princípio do devido processo legal*, que determina o *contraditório, antes da tomada de decisões gravosas* contra os particulares (inclusive nos casos de *revogação e invalidação do procedimento licitatório* – art. 49 do Estatuto), podemos elencar os *seguintes princípios do Processo Administrativo em geral*, aplicáveis, assim, na licitação:

– acesso ao expediente (vista dos autos, em balcão, ao interessado);

– motivação das decisões (motivo, fundamento e adequação lógica – teoria dos motivos determinantes);

– revisibilidade (retratações e recursos administrativos);

– representação (por meio de advogados);

– segurança jurídica (lealdade e boa-fé, imparcialidade na relação jurídica);

– verdade material (análise, pela Administração, das provas dos autos, de forma objetiva; a busca dos elementos para a tomada de decisões);

---

1. A revisibilidade é princípio geral de direito; aliás, decorre do devido processo legal. Finalmente, aplicam-se, subsidiariamente, à *revisibilidade*, as normas de processo administrativo, das respectivas entidades políticas. Na área *federal*, o art. 56 e ss. da Lei 9.784, de 29.1.1999.

– oficialidade (impulsão do expediente de ofício);
– gratuidade;
– informalismo.

Veremos, abaixo, rapidamente, os princípios da *gratuidade e do informalismo*, imbricados à licitação.

1.3 Procedimento "ampliativo" da esfera jurídica

15. A doutrina costuma falar em atos administrativos *restritivos* e atos *ampliativos* de direitos.[2] Os primeiros, certamente, são *gratuitos*, ante a natureza de constranger, restringir, direitos e interesses dos particulares, como na imposição de penalidades administrativas, revogação de atos, rescisão de contratos etc.

Quanto ao fundamento jurídico-constitucional, haveria ofensa ao *direito de ampla defesa*, insculpido no art. 5º, LV, da CF, se acaso houvesse exigência do pagamento de custas ou emolumentos.[3]

16. O mesmo não se afirma dos atos que *ampliam* a esfera jurídica dos particulares. Nesses casos, a Administração pode, nos termos da ordenação normativa, cobrar valores dos particulares, os quais, *sempre*, precisam ser *módicos*.

Como a licitação visa a ampliar a esfera jurídica dos particulares, é correta a fixação de taxas, ou emolumentos, contudo, *sempre módicos*. Não se aplica, portanto, o princípio da gratuidade no procedimento licitatório.[4]

1.4 Procedimento formal

17. Já, quanto ao *princípio da informalismo*, o *processo administrativo, em geral,* é informal, sobretudo quando estiverem em jogo os interesses dos particulares.[5] Entretanto, na licitação, a forma, ou

---

2. O autor Celso Antônio Bandeira de Mello adota o critério quanto ao "resultado sobre a esfera jurídica dos administrados" (*Curso de Direito Administrativo*, 32ª ed., Malheiros Editores, p. 433).

3. Idem, ibidem, p. 522.

4. Aliás, como encarecido pelo citado mestre (*Curso de Direito Administrativo*, 31ª ed., p. 517).

5. Logo, interposto recurso administrativo quando deveria ter sido outro, aplica-se o *princípio da fungibilidade recursal*; deve-se admiti-lo, se acaso tiver sido interposto no prazo do recurso adequado.

formalidade,[6] é necessária à *segurança jurídica* das partes da relação. A Lei 8.666/1993 é pródiga no assunto, sendo desnecessária citação de longos textos normativos; todo procedimento está elencado nela.

O *procedimento formal* é determinado, portanto, como *instrumento de controle* dos atos da Administração Pública, e de *segurança jurídica aos concorrentes*, que devem ter *tratamento isonômico*.

1.4.1 Invalidação

18. Isso não significa o *dever inarredável de invalidação* do procedimento, em face da não observância da forma. Deve-se verificar a situação concreta e constatar eventuais prejuízos aos concorrentes ou à Administração (interesse público), pois, como diziam os franceses, *pas de nulitté sans grief* (não há nulidade sem prejuízo, dano).

19. De outra parte, a não observância da forma, em certas hipóteses, pode originar, desde logo, a invalidação, total ou parcial, do certame. É que os *fins não justificam os meios*. Basta referir à hipótese de inversão de fases do procedimento licitatório, sem autorização legal. Em princípio, isso compromete a lisura do certame.

Nesse sentido, o art. 4º, parágrafo único, da Lei 8.666/1993, textualmente, estabelece ser a licitação "ato formal".[7]

1.4.2 Regime Diferenciado de Contratação (RDC, Lei 12.462/2011): fases[8]

20. Como ocorre no *pregão* (art. 4º, XVIII, da Lei 10.520/2002), no *Regime Diferenciado de Contratação* (RDC), o art. 27, parágrafo único, da Lei 12.462/2011, refere ao recurso (único) do julgamento das *propos-*

---

6. *Forma* é a maneira pela qual o ato se revela; é o meio de exteriorização do ato; já *formalidade* significa a maneira *específica da apresentação da forma* (verbal, escrita, por sinais etc.). Aquela é elemento do ato (ao lado do conteúdo do ato); esta, pressuposto formalístico (exemplo: necessidade de motivação). Cf. Celso Antônio Bandeira de Mello, *Curso de Direito Administrativo*, 32ª ed., pp. 402; 418 e ss.

7. V., neste trabalho: Seção III, Capítulo 3, item 3.4: *Revogação e invalidação do procedimento. Requisitos. O devido processo legal (e os consectários dele)*.

8. Normalmente, a doutrina costuma referir às seguintes fases (externas) do procedimento licitatório: abertura (edital ou convite); qualificação ou habilitação dos concorrentes (idoneidade); julgamento das propostas, fase classificatória; homologação do certame; adjudicação do objeto.

tas ou lances e da habilitação,⁹ salvo no caso de inversão de fases (neste caso, isto é, na inversão de fases, deverá haver *motivação* e *previsão no instrumento convocatório*, conforme o art. 12, parágrafo único).

Assim, como regra, no RDC haverá *fase recursal única, que se seguirá à habilitação do vencedor* (art. 27, *caput*), no bojo da qual o órgão superior julgará tanto a *classificação* (das propostas) quanto a *habilitação* (do concorrente com a melhor proposta).¹⁰

De efeito, segundo a regra do art. 14, II, da Lei 12.462 (RDC), "será exigida a apresentação dos documentos de *habilitação apenas pelo licitante vencedor*, exceto no caso de inversão de fases" (g.n.). Já, o inciso III, do mesmo art., estabelece "no caso de *inversão de fases*, só serão recebidas as propostas dos licitantes previamente habilitados" (g.n.).

21. Dessa forma, no RDC, primeiro ocorre o *julgamento das propostas*; depois, o da *habilitação do licitante vencedor* (da proposta mais vantajosa).

Logo, quando a lei do RDC alude à *inversão de fases* do procedimento, na verdade, refere ao seguinte: 1) à fase de habilitação; depois, 2) à das propostas. Nessa hipótese (inversão de fases), deve haver *motivação e previsão no instrumento convocatório* (princípio da segurança jurídica).

Na hipótese de *inversão de fases, segundo a regra do RDC*, (análise da habilitação, análise das propostas, sucessivamente), a nosso ver, cabe recurso da decisão proferida na fase de *habilitação*; e na fase de *classificação das propostas*, aplicando-se as mesmas regras que presidem esses temas no Estatuto, cujo art. 109, § 2º, determina efeitos *devolutivo e suspensivo* desses recursos.

Mas, "*em qualquer caso [inversão de fases, ou não]*, os documentos relativos à *regularidade fiscal [exigência de habilitação do concorrente]* poderão ser exigidos em *momento posterior ao julgamento das propostas*, apenas em relação ao licitante *mais bem classificado*" (art. 14, IV, do RDC – g.n.).

---

9. Na *qualificação* os interessados devem demonstrar à Administração a *aptidão* (*idoneidade*) para participar da licitação. Trata-se de requisitos subjetivos, pessoais, dos concorrentes. V., adiante, o estudo da qualificação: Seção III, Capítulo I – *A Habilitação dos Concorrentes*.

10. Dispõe o art. 27: "Salvo no caso de inversão de fases, o procedimento licitatório terá uma fase recursal única, que se seguirá à habilitação do vencedor. Parágrafo único. Na fase recursal, serão analisados os recursos referentes ao julgamento das propostas ou lances e à habilitação do vencedor".

1.4.3 A Lei 8.666/1993 (Estatuto Licitatório): fases

22. Essa ordenação (acima) é diferente daquela estipulada no Estatuto (Lei 8.666/1993), cujo art. 43 refere, a princípio, à abertura dos *envelopes da habilitação*; *depois*, ou seja, após o julgamento destes, e do julgamento de eventuais recursos administrativo, à abertura dos *envelopes-proposta*.

Noutro dizer, perante o regime do Estatuto (art. 43), primeiro a Administração verifica as *condições dos concorrentes* (*qualificação*);[11] em seguida, julga as *propostas* daqueles que tenham sido, antes, *habilitados/ qualificados*. Por decorrência, a Administração não abrirá os *envelopes--proposta* dos concorrentes *não habilitados*.

1.5 Julgamento objetivo

A licitação deve *garantir a isonomia* (igualdade dos concorrentes); para isso, o *julgamento deve ser objetivo*, de acordo com parâmetros e critérios determinados no *instrumento convocatório*: edital ou convite (art. 45). Nessa linha, há o *princípio da competitividade* (art. 3º, § 1º, I e II).[12]

1.6 Finalidade: seleção da melhor proposta

Ademais, a licitação visa à *seleção da proposta mais vantajosa para a Administração Pública*, evidentemente, segundo *critérios de julgamento* fixados no edital ou convite.

11. Há exceções, como a exigência de demonstração de *regularidade fiscal* (uma das qualificações) do micro e pequeno empresário, que ocorrerá apenas *antes da assinatura do contrato* (vencedor do certame), isto é, depois do julgamento das *propostas*. V. o estudo de qualificação/habilitação: Seção III, Capítulo I, item IV–b: *Regularidades fiscal e trabalhista. Críticas. O "pequeno empresário" (Lei Complementar 123/2006, com redação da LC 147, de 2014)*.

12. "Art. 3º. (...). § 1º. É vedado aos agentes públicos: I – admitir, prever, incluir ou tolerar, nos atos de convocação, cláusulas ou condições que comprometam, restrinjam ou frustrem o seu *caráter competitivo*, inclusive nos casos de sociedades cooperativas, e estabeleçam preferências ou distinções em razão da naturalidade, da sede ou domicílio dos licitantes ou de qualquer outra circunstância impertinente ou irrelevante para o específico objeto do contrato, ressalvado o disposto nos §§ 5º a 12 deste artigo e no art. 3º da Lei n. 8.248, de 23 de outubro de 1991; *(Redação dada pela Lei n. 12.349, de 2010.)* II – estabelecer tratamento diferenciado de natureza comercial, legal, trabalhista, previdenciária ou qualquer outra, entre empresas brasileiras e estrangeiras, inclusive no que se refere a moeda, modalidade e local de pagamentos, mesmo quando envolvidos financiamentos de agências internacionais, ressalvado o disposto no parágrafo seguinte e no art. 3º da Lei n. 8.248, de 23 de outubro de 1991" (g.n.).

A licitação visa, também, a garantir a aplicação do *princípio da igualdade*; tem por fim, dessa maneira, conferir oportunidade ao maior número de interessados para contratar com o Poder Público.

Porém, há outra finalidade, a seguir examinada.

1.7 Finalidade: desenvolvimento nacional sustentável – ambiental, econômica e sociopolítica

De fato, na redação da Lei 12.349/2010, de acordo com o art. 3º do Estatuto, a licitação destina-se também à *promoção do desenvolvimento nacional sustentável*.[13]

23. *Desenvolvimento sustentável* é o procedimento que procura satisfazer necessidades da *geração atual*, sem comprometer a capacidade das *gerações futuras*; todos (indivíduos, coletividade, Estado) devem atingir nível satisfatório de *desenvolvimento social e econômico e cultural, com uso razoável dos recursos naturais* e preservando as espécies e o habitat naturais.

24. Esses lindes jurídicos, no direito brasileiro, estão estabelecidos na *Constituição Federal* (exemplos, arts. 3º, II; 170, VI e 225, *caput*).

O desenvolvimento sustentável tem os seguintes componentes, ou vertentes: (a) *ambiental*: inclusive água e saneamento básico; (b) *econômica*: parâmetros ambientais, econômicos e sociais na atividade econômica; gestão de recursos ambientais; (c) e *sociopolítica*: vertente socioeconômica; humanização da economia, para desenvolver o tecido social; são metas de *desenvolvimento dos Estados*.[14]

1.8 (Outros) Princípios da Administração

25. O art. 3º da Lei 8.666/1993 elenca princípios [gerais] da Administração, e alguns *específicos* [*da licitação*];[15] porém, a parte final do dispositivo, ao mencionar a expressão "e dos que lhes são correlatos" deixa claro que *o rol dos princípios ali contidos, não é taxativo*; outros

---

13. A Lei do RDC (12.462/2011), no art. 14, parágrafo único, II, refere à possibilidade de exigência de requisitos de sustentabilidade ambiental, na forma da legislação aplicável.
14. V. item *III – As Especificações Técnicas: o Desenvolvimento Sustentável*.
15. São eles: legalidade, impessoalidade, moralidade, igualdade, publicidade, probidade administrativa, vinculação ao instrumento convocatório, julgamento objetivo.

podem ser mencionados, como razoabilidade, proporcionalidade e eficiência.

1.8.1 Princípio da legalidade (retomada do tema)

O *princípio da legalidade* significa, nunca é demais ressaltar, a obediência à lei, especialmente a legislação básica, Lei 8.666/1993, destacando-se a *observância do procedimento* estabelecido nela.

Nesse sentido, o *caput* do art. 4º assegura *direito subjetivo, aos participantes*, do certame, especificamente quanto à *observância do procedimento*, adotado na legislação; e permite aos *cidadãos* acompanhar o desenvolvimento do procedimento, *desde que não perturbem ou impeçam a realização dos trabalhos*.[16]

1.8.2 Princípio da impessoalidade

Quanto ao princípio da *impessoalidade*, que é faceta ou desdobramento da *igualdade e da legalidade*, significa que não pode haver, na licitação, favoritismos, ou perseguições; a Administração deve observar os dados *objetivos* do instrumento convocatório, e não dificultar, criar empecilhos, à competição.

1.8.3 Princípio da igualdade (retomada do tema)

1.8.3.1 – Critérios de desempate das propostas (no Estatuto e no RDC)

A respeito do *princípio da igualdade*, é preciso tratamento *isonômico* aos concorrentes (cf. art. 3º, § 1º, I e II).

Havendo *empate* das propostas, o art. 3º, § 2º, estabelece os seguintes *critérios* de desempate, *sucessivamente*, aos bens e serviços:

Art. 3º. (...).

§ 2º. Em igualdade de condições, como critério de desempate, será assegurada preferência, sucessivamente, aos bens e serviços:

---

16. "Art. 4º. Todos quantos participem de licitação promovida pelos órgãos ou entidades a que se refere o art. 1º têm *direito público subjetivo à fiel observância do pertinente procedimento* estabelecido nesta lei, podendo qualquer cidadão acompanhar o seu desenvolvimento, desde que não interfira de modo a perturbar ou impedir a realização dos trabalhos. Parágrafo único. O procedimento licitatório previsto nesta lei caracteriza ato administrativo formal, seja ele praticado em qualquer esfera da Administração Pública" (g.n.).

CONCEITO JURÍDICO DE LICITAÇÃO 33

I – (*revogado pela Lei n. 12.349 de 15.12.2010*);

II – produzidos no país;

III – produzidos ou prestados por empresas brasileiras;

IV – produzidos ou prestados por empresas que invistam em pesquisa e no desenvolvimento de tecnologia no país (*Incluído pela Lei n. 11.196, de 21.11.2005*).

Contudo, ao *persistir o empate*, o art. 45, § 2º, determina o *sorteio*; cuida-se de opção do legislador.

Há outras regras, discriminadas no item abaixo (2), quanto ao "pequeno empresário", introduzidas pela Lei Complementar 147, de 7.8.2014, a qual produziu modificações também na Lei 8.666/1993.

26. Já, *no RDC*, conforme o art. 25, da Lei 12.462, de 2011, o *critério de desempate* das propostas tem a seguinte *ordem* [sucessiva]:[17] a) disputa final: licitantes vencedores apresentam nova *proposta fechada* [proposta sigilosa até data e hora designadas para a divulgação – art. 17, I e II];[18] b) avaliação do desempenho contratual prévio dos licitantes, desde que exista sistema objetivo de avaliação instituído [ex.: cumprimento de contratos anteriores, ausência de punições contratuais etc.]; c) os critérios do art. 3º da Lei 8.248/1991[19] e do § 2º do art. 3º da Lei

17. Ademais, segundo o art. 38 do RDC: aplicam-se as *preferências para fornecedores ou tipos de bens, serviços e obras*, em especial as seguintes hipóteses [não taxativas]: art. 3º da Lei 8.248/1991; art. 3º da Lei 8.666/1993; arts. 42 a 49 da LC 123/2006.

18. "A permissão para a realização de lances adicionais após a entrega das propostas cria mais dois problemas. Abre a possibilidade de se licitarem obras por preços que se mostrem posteriormente inexequíveis. E motiva planilhas irreais de custos, já que estas precisarão ser adaptadas ao preço final ofertado pelo ganhador, gerando dificuldades na execução e no gerenciamento da obra" (SindusconSP – Sindicato da Construção, Informe Publicitário, *Folha de São Paulo*, Poder A7, 20.4.2014)

19. "Art. 3º. Os órgãos e entidades da Administração Pública Federal, direta ou indireta, as fundações instituídas e mantidas pelo Poder Público e as demais organizações sob o controle direto ou indireto da União darão preferência, nas aquisições de bens e serviços de *informática e automação* (g.n.), observada a seguinte ordem, a: *(Redação dada pela Lei n. 10.176, de 2001)* I – bens e serviços com tecnologia desenvolvida no País; *(Redação dada pela Lei n. 10.176, de 2001)* II – bens e serviços produzidos de acordo com processo produtivo básico, na forma a ser definida pelo Poder Executivo. *(Redação dada pela Lei n. 10.176, de 2001)* § 1º. Revogado. *(Redação dada pela Lei n. 10.176, de 2001)* § 2º. Para o exercício desta preferência, levar-se-ão em conta condições equivalentes de prazo de entrega, suporte de serviços, qualidade, padronização, compatibilidade e especificação de desempenho e preço. *(Redação dada pela Lei n. 10.176, de 2001)* § 3º. A aquisição de bens e ser-

8.666/1993 [*supra*]; d) sorteio; e) tudo, *sem prejuízo* da preferência ao "pequeno empresário", a seguir.

1.8.3.2 – Preferência ao pequeno e microempresário nacional (Lei Complementar 123/2006, com redação da LC 147, de 2014). Extensão às cooperativas. Extensão às obras

27. Com efeito, em face do parágrafo único do *art.* 25, da Lei 12.462/2011 (RDC), esses critérios de desempate *não prejudicam a aplicação do art.* 44 *da Lei Complementar 123/2006* (*preferência ao pequeno e microempresário nacional*).

Assim, os arts. 170, IX e 179, da Constituição, contêm regras de *proteção às empresas de pequeno porte constituídas sob as leis brasileiras e que tenham sede e administração no país.*[20]

O Texto Constitucional atende ao princípio da *isonomia* (*igualdade*), ao assegurar, ao pequeno e microempresário, certas *prerrogativas*, sem as quais não teriam como atuar na atividade econômica, gerando empregos e pagamentos de tributos; ou atuariam com deficiência, ou dependeriam dos grandes empresários.

Cuida-se de *fomento* da atividade dos pequenos e microempresários. Logo, a *Lei Complementar* 123, de 14.12.2006,[21] "Estatuto do Microempresário" [o art. 3º da lei define o *microempresário e a empresa de pequeno porte*], refere à *preferência de contratação*, com o Poder Público, de acordo com os *critérios* [*legais*], estabelecidos nos arts. 44 a 49, com redação dada pela Lei Complementar 147, de 7.8.2014:

viços de informática e automação, considerados como bens e serviços comuns nos termos do parágrafo único do art. 1º da Lei n. 10.520, de 17 de julho de 2002, poderá ser realizada na modalidade pregão, restrita às empresas que cumpram o Processo Produtivo Básico nos termos desta Lei e da Lei n. 8.387, de 30 de dezembro de 1991*(Redação dada pela Lei n. 11.077, de 2004)*."

20. "Art. 170. A ordem econômica, fundada na valorização do trabalho humano e na livre iniciativa, tem por fim assegurar a todos existência digna, conforme os ditames da justiça social, observados os seguintes princípios: (...); IX – tratamento favorecido para as empresas de pequeno porte constituídas sob as leis brasileiras e que tenham sua sede e administração no País *(Alterado pela EC n. 6, de 15.8.1995)*."

"Art. 179. A União, os Estados, o Distrito Federal e os Municípios dispensarão às microempresas e às empresas de pequeno porte, assim definidas em lei *[Lei Complementar 123/2006]*, tratamento jurídico diferenciado, visando a incentivá-las pela simplificação de suas obrigações administrativas, tributárias, previdenciárias e creditícias, ou pela eliminação ou redução destas por meio de lei."

21. A lei foi regulamentada pelo Decreto 6.204, de 5.9.2007; referido decreto aplica-se somente às contratações públicas de bens, serviços e obras da *União*.

Art. 44. Nas licitações será assegurada, como critério de desempate, preferência de contratação para as microempresas e empresas de pequeno porte.

§ 1º. Entende-se por empate aquelas situações em que as propostas apresentadas pelas microempresas e empresas de pequeno porte sejam iguais ou até 10% (dez por cento) superiores à proposta mais bem classificada.

§ 2º. Na modalidade de pregão, o intervalo percentual estabelecido no § 1º deste artigo será de até 5% (cinco por cento) superior ao melhor preço.

Art. 45. Para efeito do disposto no art. 44 desta Lei Complementar, ocorrendo o empate, proceder-se-á da seguinte forma:

I – a microempresa ou empresa de pequeno porte mais bem classificada poderá apresentar proposta de preço inferior àquela considerada vencedora do certame, situação em que será adjudicado em seu favor o objeto licitado;

II – não ocorrendo a contratação da microempresa ou empresa de pequeno porte, na forma do inciso I do *caput* deste artigo, serão convocadas as remanescentes que porventura se enquadrem na hipótese dos §§ 1º e 2º do art. 44 desta Lei Complementar, na ordem classificatória, para o exercício do mesmo direito;

III – no caso de equivalência dos valores apresentados pelas microempresas e empresas de pequeno porte que se encontrem nos intervalos estabelecidos nos §§ 1º e 2º do art. 44 desta Lei Complementar, será realizado sorteio entre elas para que se identifique aquela que primeiro poderá apresentar melhor oferta.

§ 1º. Na hipótese da não-contratação nos termos previstos no *caput* deste artigo, o objeto licitado será adjudicado em favor da proposta originalmente vencedora do certame.

§ 2º. O disposto neste artigo somente se aplicará quando a melhor oferta inicial não tiver sido apresentada por microempresa ou empresa de pequeno porte.

§ 3º. No caso de pregão, a microempresa ou empresa de pequeno porte mais bem classificada será convocada para apresentar nova proposta no prazo máximo de 5 (cinco) minutos após o encerramento dos lances, sob pena de preclusão.

Art. 46. A microempresa e a empresa de pequeno porte titular de direitos creditórios decorrentes de empenhos liquidados por órgãos e entidades da União, Estados, Distrito Federal e Município não pagos em até 30 (trinta) dias contados da data de liquidação poderão emitir cédula de crédito microempresarial.

Parágrafo único. (*Revogado pela Lei Complementar n. 147, de 2014*)

Art. 47. Nas contratações públicas da administração direta e indireta, autárquica e fundacional, federal, estadual e municipal, deverá ser concedido tratamento diferenciado e simplificado para as microempresas e empresas de pequeno porte objetivando a promoção do desenvolvimento econômico e social no âmbito municipal e regional, a ampliação da eficiência das políticas públicas e o incentivo à inovação tecnológica. (*Redação dada pela Lei Complementar n. 147, de 2014*)

Parágrafo único. No que diz respeito às compras públicas, enquanto não sobrevier legislação estadual, municipal ou regulamento específico de cada órgão mais favorável à microempresa e empresa de pequeno porte, aplica-se a legislação federal. (*Incluído pela Lei Complementar n. 147, de 2014*)

Art. 48. Para o cumprimento do disposto no art. 47 desta Lei Complementar, a administração pública: (*Redação dada pela Lei Complementar n. 147, de 2014*)

I – deverá realizar processo licitatório destinado exclusivamente à participação de microempresas e empresas de pequeno porte nos itens de contratação cujo valor seja de até R$ 80.000,00 (oitenta mil reais); (*Redação dada pela Lei Complementar n. 147, de 2014*)

II – poderá, em relação aos processos licitatórios destinados à aquisição de obras e serviços, exigir dos licitantes a subcontratação de microempresa ou empresa de pequeno porte; (*Redação dada pela Lei Complementar n. 147, de 2014*)

III – deverá estabelecer, em certames para aquisição de bens de natureza divisível, cota de até 25% (vinte e cinco por cento) do objeto para a contratação de microempresas e empresas de pequeno porte. (*Redação dada pela Lei Complementar n. 147, de 2014*)

§ 1º. (*Revogado*). (*Redação dada pela Lei Complementar n. 147, de 2014*)

§ 2º. Na hipótese do inciso II do *caput* deste artigo, os empenhos e pagamentos do órgão ou entidade da administração pública poderão ser destinados diretamente às microempresas e empresas de pequeno porte subcontratadas.

§ 3º. Os benefícios referidos no *caput* deste artigo poderão, justificadamente, estabelecer a prioridade de contratação para as microempresas e empresas de pequeno porte sediadas local ou regionalmente, até o limite de 10% (dez por cento) do melhor preço válido. (*Incluído pela Lei Complementar n. 147, de 2014*)

Art. 49. Não se aplica o disposto nos arts. 47 e 48 desta Lei Complementar quando:

I – (*Revogado*); (*Redação dada pela Lei Complementar n. 147, de 2014*) (*Produção de efeito*)

II – não houver um mínimo de 3 (três) fornecedores competitivos enquadrados como microempresas ou empresas de pequeno porte sediados local ou regionalmente e capazes de cumprir as exigências estabelecidas no instrumento convocatório;

III – o tratamento diferenciado e simplificado para as microempresas e empresas de pequeno porte não for vantajoso para a administração pública ou representar prejuízo ao conjunto ou complexo do objeto a ser contratado;

IV – a licitação for dispensável ou inexigível, nos termos dos arts. 24 e 25 da Lei n. 8.666, de 21 de junho de 1993, excetuando-se as dispensas tratadas pelos incisos I e II do art. 24 da mesma Lei, nas quais a compra deverá ser feita preferencialmente de microempresas e empresas de pequeno porte, aplicando-se o disposto no inciso I do art. 48. (*Redação dada pela Lei Complementar n. 147, de 2014*).

A mesma Lei complementar 147, de 2014, introduziu os *§§ 14 e 15, no art. 3º*, bem como o *art. 5º-A*, todos *na Lei 8.666/1993*, a seguir discriminados:

Art. 3º. (...)

§14. As preferências definidas neste artigo e nas demais normas de licitação e contratos devem privilegiar o tratamento diferenciado e favorecido às microempresas e empresas de pequeno porte na forma da lei.

§ 15. As preferências dispostas neste artigo prevalecem sobre as demais preferências previstas na legislação quando estas forem aplicadas sobre produtos ou serviços estrangeiros.

Art. 5º-A. As normas de licitações e contratos devem privilegiar o tratamento diferenciado e favorecido às microempresas e empresas de pequeno porte na forma da lei.

Portanto, atendendo à Constituição, tem havido incremento de leis visando a favorecer os "pequenos empresários", definidos na LC 123/2006, nas licitações e contratações com o Poder Público.

27-A. Observe-se, a *regularidade fiscal* (item da *qualificação*) dos "pequenos empresários" será comprovada apenas na fase da [antes da] *assinatura do contrato* (art. 42 da Lei Complementar 123/2006).

27-B. Ademais, as preferências, firmadas na Lei Complementar 123/2006, estendem-se às *cooperativas*, que se enquadrem nos lindes do *art. 3º*, da Lei Complementar 123/2006, por força do art. 34 da Lei 11.488, de 15.6.2007 [pequenas cooperativas].[22]

28. Embora a Lei Complementar 123/2006 não tenha sido explícita quanto à contratação do pequeno empresário para realizar *obras* à Administração, concordamos com Sidney Bittencourt, no sentido de que o texto legislativo deve ser analisado em sentido amplo [sistematicamente], compreendendo, pois, além de *bens e serviços, obras*.[23-24]

1.8.3.3 – Aquisição de bens e serviços de informática – 29. Outra preferência encontra-se no art. 3º, *caput*, e § 3º, da Lei 8.248, de 23.10.1991:[25] *na aquisição de bens e serviços de informática e automação*, a seguir transcritos:

> Art. 3º. Os órgãos e entidades da Administração Pública Federal, direta ou indireta, as fundações instituídas e mantidas pelo Poder Público e as demais organizações sob o controle direto ou indireto da União darão preferência, nas aquisições de bens e serviços de informática e automação, observada a seguinte ordem, a: *(Redação dada pela Lei n. 10.176, de 2001)*
>
> I – bens e serviços com tecnologia desenvolvida no País; *(Redação dada pela Lei n. 10.176, de 2001)*
>
> II – bens e serviços produzidos de acordo com processo produtivo básico, na forma a ser definida pelo Poder Executivo *(Redação dada pela Lei n. 10.176, de 2001)*
>
> § 1º. *(Revogado)*. *(Redação dada pela Lei n. 10.176, de 2001)*.
>
> § 2º. Para o exercício desta preferência, levar-se-ão em conta condições equivalentes de prazo de entrega, suporte de serviços, qualidade, padronização, compatibilidade e especificação de desempenho e preço. *(Redação dada pela Lei n. 10.176, de 2001)*

22. "Art. 34. Aplica-se às sociedades cooperativas que tenham auferido, no ano-calendário anterior, receita bruta até o limite definido no inciso II do *caput* do art. 3º da Lei Complementar n. 123, de 14 de dezembro de 2006, nela incluídos os atos cooperados e não cooperados, o disposto nos Capítulos V a X, na Seção IV do Capítulo XI, e no Capítulo XII da referida Lei Complementar."

23. *As Licitações Públicas e o Estatuto Nacional das Microempresas*, 2ª ed., Fórum, 2010, p. 49.

24. V., ainda, a respeito: Seção III, Capítulo III, item I-e: *Empate nas propostas*.

25. A Lei 8.248/1991 foi regulamentada, *no âmbito federal*, pelo Decreto 7.174, de 12.5.2010. Esse ato administrativo, aliás, como consta na ementa, aplica-se somente à Administração Pública Federal, direta ou indireta, pelas fundações instituídas ou mantidas pelo Poder Público [federal] e pelas demais organizações sob o controle direto ou indireto da União.

§ 3º. A aquisição de bens e serviços de informática e automação, considerados como bens e serviços comuns nos termos do parágrafo único do art. 1º da Lei n. 10.520, de 17 de julho de 2002, poderá ser realizada na modalidade pregão, restrita às empresas que cumpram o Processo Produtivo Básico nos termos desta Lei e da Lei n. 8.387, de 30 de dezembro de 1991 *(Redação dada pela Lei n. 11.077, de 2004)*.[26]

1.8.4 Princípio da publicidade

29-A. Quanto ao *princípio da publicidade* (art. 37, *caput*, da Constituição Federal), dispõe o art. 3º, § 3º, do Estatuto:

§ 3º. A licitação *não será sigilosa*, sendo públicos e acessíveis ao público os atos de seu procedimento, *salvo* quanto ao conteúdo das propostas, até a respectiva abertura (g.n.).

Logo, a *regra* é o acesso de todas as pessoas ao procedimento licitatório, *exceto quanto ao conteúdo das propostas até a sua abertura*. Não teria sentido mesmo os concorrentes conhecerem, previamente, as propostas uns dos outros, sob pena de inviabilizar a licitação.[27]

O art. 5º, XXXIII, da Constituição Federal, *garante* a todos o acesso à informação a interesse pessoal ou coletivo, salvo o caso de *sigilo imprescindível* à segurança da sociedade e do Estado. O dispositivo constitucional foi regulamentado pela Lei 12.527, de 18.11.2011.[28]

Essa legislação atende ao princípio da publicidade e ao da moralidade; ela possibilita *qualquer interessado [basta identificar-se]* pedir acesso às informações aos órgãos e entidades (art. 10).[29]

---

26. Outro caso de preferência, encontra-se no art. 42, da Lei 9.478, de 6.8.1997, que dispõe sobre *política enérgica* no país: "Em caso de empate, a licitação será decidida em *favor da Petrobrás*, quando esta concorrer não consorciada com outras empresas".
27. Ver-se-á, no momento oportuno, a legislação do RDC arrefeceu esse princípio.
28. A Lei 12.527 foi regulamentada, no âmbito *federal*, pelo Decreto 7.724, de 16.5.2012; mas este *ato administrativo* aplica-se somente às entidades e órgãos do *Executivo Federal*. Cf. art. 5º do Decreto (Administração Pública direta e indireta). V., ainda, o Decreto federal 7.845, de 14.11.2012, quanto ao procedimento para credenciamento de segurança e tratamento de informação classificada em qualquer grau de sigilo, e quanto ao Núcleo de Segurança e Credenciamento.
29. "Art. 10. Qualquer interessado poderá apresentar pedido de acesso a informações aos órgãos e entidades referidos no art. 1º desta Lei, por qualquer meio legítimo, devendo o pedido conter a identificação do requerente e a especificação da

1.8.5 Princípio da moralidade. Probidade administrativa

29-B. O princípio da *moralidade* (art. 37, *caput*, da CF) tem o condão de determinar – às partes da relação – *lealdade* e *boa-fé*, portanto, exigências de *padrões éticos*. Isso justifica a observância da *legalidade* (inclusive quanto ao procedimento) e da *publicidade* (divulgação e acesso à população) na licitação.[30]

Por decorrência, há *dever* de o administrador ser *probo*, portanto, íntegro, na sua atividade profissional. Atuar com retidão e honestidade, em prol do interesse público.

Assim, *probidade administrativa* significa atuação do servidor na *gestão do patrimônio público*, tanto a bens e direitos de *valor econômico* (*erário*), quanto de valor estético, histórico, turístico e paisagístico (*interesses difusos*).[31]

1.8.6 Princípio da vinculação ao instrumento convocatório. A impugnação ao edital

29-C. O princípio – específico da licitação – *vinculação ao instrumento de convocação*, nos termos do *caput*, do art. 41, do Estatuto,[32] determina a observância, pelos *concorrentes e pela Administração*, das regras contidas no edital, ou no convite.[33]

Qualquer *cidadão* [conceito restrito: brasileiro, nato ou naturalizado] pode *impugnar edital*; bem assim os *concorrentes*, nos prazos indicados na legislação.[34]

---

informação requerida. § 1º. Para o acesso a informações de interesse público, a identificação do requerente não pode conter exigências que inviabilizem a solicitação. § 2º. Os órgãos e entidades do poder público devem viabilizar alternativa de encaminhamento de pedidos de acesso por meio de seus sítios oficiais na internet. § 3º. São vedadas quaisquer exigências relativas aos motivos determinantes da solicitação de informações de interesse público."

30. O princípio da moralidade administrativa é *corolário* do *dever de boa administração* (Heraldo Garcia Vitta, *Aspectos da Teoria Geral no Direito Administrativo*, Malheiros Editores, 2001, p. 91).

31. Marino Pazzaglini Filho, *Lei de Improbidade Administrativa Comentada*, 2ª ed., Atlas, 2005, p. 44.

32. Art. 41, *caput*: "A Administração não pode descumprir as normas e condições do edital, ao qual se acha estritamente vinculada".

33. O art. 40 arrola itens que devem constar, necessariamente, no edital, como *anexos*, projeto básico, o executivo [cf. art. 7º e parágrafos], o orçamento [com planilhas de quantitativos e preços unitários] e a minuta do contrato (§ 2º do art. 40).

34. "Art. 41. A Administração não pode descumprir as normas e condições do edital, ao qual se acha estritamente vinculada. § 1º. *Qualquer cidadão* é parte

Contudo, ainda quando *intempestivas*, a Administração deve analisar as manifestações dos concorrentes, quando referirem a ofensa às *normas constitucionais, legais e intestinas* (do Poder Público), e puderem resultar em *invalidação*. O *direito de petição*, estampado no art. 5º, XXXIV, "a", da Constituição, *assegura* esse entendimento.

29-D. Aliás, mesmo quando *ausente* questionamento ou impugnação, a Administração deve pronunciar-se de *ofício*, isto é, independente de solicitação do interessado, ao tomar conhecimento do vício no edital, que possa acarretar prejuízo aos concorrentes ou ao erário. Como se sabe, a Administração detém *autotutela* sobre bens e interesses públicos; *anula e revoga* seus atos.[35] Assim, tem dever de atuar, na *tutela* do interesse público.

De outra parte, o interessado pode ingressar, diretamente, em juízo, para impugnar ou questionar o edital, *independentemente da prévia impugnação administrativa*, conforme expõe Sílvio Luís Ferreira da Rocha.[36]

Isso porque, no Brasil, não há o *contencioso administrativo*, adotado em vários países da Europa, no qual as questões de Direito Administrativo são julgadas, de forma definitiva, por *tribunais administrativos*.

legítima para impugnar edital de licitação por irregularidade na aplicação desta Lei, devendo protocolar o pedido até 5 (cinco) dias úteis antes da data fixada para a abertura dos envelopes de habilitação, devendo a Administração julgar e responder à impugnação em até 3 (três) dias úteis, sem prejuízo da faculdade prevista no § 1º do art. 113 *[este dispositivo refere à representação contra irregularidades na licitação, ao tribunal de contas, ou a órgão de controle interno da Administração]*. § 2º. *Decairá do direito de impugnar* os termos do edital de licitação perante a administração *o licitante* que não o fizer até o segundo dia útil que anteceder a abertura dos envelopes de habilitação em concorrência, a abertura dos envelopes com as propostas em convite, tomada de preços ou concurso, ou a realização de leilão, as falhas ou irregularidades que viciariam esse edital, hipótese em que tal comunicação não terá efeito de recurso *(Redação dada pela Lei n. 8.883, de 1994)*. § 3º. A impugnação feita tempestivamente pelo licitante não o impedirá de participar do processo licitatório até o trânsito em julgado da decisão a ela pertinente. § 4º. A inabilitação do licitante importa preclusão do seu direito de participar das fases subsequentes."

35. "Decorrente, ainda, do sobredito princípio *[supremacia do interesse público sobre o interesse privado]* norteador da ação administrativa é a possibilidade de revogação (critérios de conveniência e oportunidade) e anulação (critério de legalidade, legitimidade) de atos administrativos pela própria Administração Pública, de ofício, independentemente de pedido da parte interessada. É a denominada *autotutela administrativa*" (Heraldo Garcia Vitta, *Aspectos...*, cit., p. 61, grifos originais).

36. *Manual de Direito Administrativo*, p. 389. O autor alerta para o fato de que há julgados minoritários que negam ao licitante o direito de impugnar o edital, se, à época oportuna, ciente das normas editalícias, não as impugnou (idem, p. 390).

Entre nós, por força do art. 5º, XXXV, da Constituição Federal, qualquer lesão ou ameaça a direito pode ser objeto de ação judicial; impugnações ou requerimentos administrativos não podem inviabilizar essa garantia constitucional.

29-E. Ademais, o julgamento, na licitação, deve ser *objetivo* [princípio da *objetividade do julgamento*]:[37] ou seja, sem subjetivismos, ou propósitos pessoais; por isso, os *critérios e fatores* de julgamento são definidos claramente no *instrumento convocatório*.

2. A margem de preferência – Regime jurídico[38]

30. Os §§ *5º a 10 do art. 3º* da Lei 8.666/1993, acrescentados pela Lei 12.349/2010, dispõem sobre a *margem de preferência*, para produtos manufaturados [nacionais] e para serviços nacionais que atenda as normas técnicas brasileiras:

> § 5º. Nos processos de licitação previstos no *caput*, poderá ser estabelecido margem de preferência para produtos manufaturados e para serviços nacionais que atendam a normas técnicas brasileiras. *(Incluído pela Lei n. 12.349, de 2010)*

---

37. Art. 45, *caput*: "O julgamento das propostas será objetivo, devendo a Comissão de licitação ou o responsável pelo convite realizá-lo em conformidade com os tipos de licitação, os critérios previamente estabelecidos no ato convocatório e de acordo com os fatores exclusivamente nele referidos, de maneira a possibilitar sua aferição pelos licitantes e pelos órgãos de controle".
38. O *art. 3º-A da Lei 11.578*, de 26.11.2007 [essa lei regula a transferência obrigatória de recursos financeiros para a *execução pelos Estados, Distrito Federal e Municípios de ações do PAC*], acrescido pela Medida Provisória 580, de 14.9.2012 (convertida na Lei 12.745, de 19.12.2012), autoriza aos *editais de licitação e aos contratos* à realização das ações integrantes do *PAC* [Programa de Aceleração do Crescimento] a exigência de *aquisição de produtos manufaturados nacionais e serviços nacionais*, em *setores específicos definidos em ato do Poder Executivo federal*. O §§ 3º e 4º, da referida lei estabelecem: § 3º: "No caso de transferências obrigatórias aos *Estados, ao Distrito Federal e aos Municípios* para a execução das ações do PAC, poderá ser estabelecida a exigência de que trata o *caput* no termo de compromisso a que se refere o art. 3º"; § 4º: "Os editais de licitação e os contratos decorrentes do disposto no § 3º deverão reproduzir as cláusulas relativas à exigência de aquisição de produtos manufaturados nacionais e serviços nacionais constantes do termo de compromisso a que se refere o art. 3º" (g.n.). Periodicamente, o Poder Executivo Federal edita decretos, os quais discriminam ações do PAC a serem executadas por transferência obrigatória aos Estados, Municípios e Distrito Federal.

§ 6º. A margem de preferência de que trata o § 5º será estabelecida com base em estudos revistos periodicamente, em prazo não superior a 5 (cinco) anos, que levem em consideração: *(Incluído pela Lei n. 12.349, de 2010)*

I – geração de emprego e renda; *(Incluído pela Lei n. 12.349, de 2010)*

II – efeito na arrecadação de tributos federais, estaduais e municipais; *(Incluído pela Lei n. 12.349, de 2010)*

III – desenvolvimento e inovação tecnológica realizados no País; *(Incluído pela Lei n. 12.349, de 2010)*

IV – custo adicional dos produtos e serviços; e *(Incluído pela Lei n. 12.349, de 2010)*

V – em suas revisões, análise retrospectiva de resultados. *(Incluído pela Lei n. 12.349, de 2010)*

§ 7º. Para os produtos manufaturados e serviços nacionais resultantes de desenvolvimento e inovação tecnológica realizados no País, poderá ser estabelecido margem de preferência adicional àquela prevista no § 5º. *(Incluído pela Lei n. 12.349, de 2010)*

§ 8º. As margens de preferência por produto, serviço, grupo de produtos ou grupo de serviços, a que se referem os §§ 5º e 7º, serão definidas pelo Poder Executivo federal, *não podendo a soma delas ultrapassar o montante de 25% (vinte e cinco por cento) sobre o preço dos produtos manufaturados e serviços estrangeiros. (Incluído pela Lei n. 12.349, de 2010)*

§ 9º. As disposições contidas nos §§ 5º e 7º deste artigo não se aplicam aos bens e aos serviços cuja capacidade de produção ou prestação no País seja inferior: *(Incluído pela Lei n. 12.349, de 2010)*

I – à quantidade a ser adquirida ou contratada; ou *(Incluído pela Lei n. 12.349, de 2010)*

II – ao quantitativo fixado com fundamento no § 7º do art. 23 desta Lei, quando for o caso. *(Incluído pela Lei n. 12.349, de 2010)*[39]

§ 10. A margem de preferência a que se refere o § 5º poderá ser estendida, total ou parcialmente, aos bens e serviços originários dos Estados Partes do Mercado Comum do Sul – Mercosul *(Incluído pela Lei n. 12.349, de 2010)*.

---

39. Estabelece o art. 23, § 7º: "Na compra de bens de natureza divisível e desde que não haja prejuízo para o conjunto ou complexo, é permitida a cotação de quantidade inferior à demandada na licitação, com vistas a ampliação da competitividade, podendo o edital fixar quantitativo mínimo para preservar a economia de escala" (Seção III, Capítulo III, item I-f: *Mais de uma proposta vencedora*).

30-A. Assim, o *Decreto 7.546, de 2.8.2011* (regulamenta os §§ 5º a 12 do art. 3º da lei),⁴⁰ no art. 2º, I, conceitua *margem de preferência*: diferencial de preços entre os *produtos manufaturados nacionais e serviços nacionais* e os produtos manufaturados estrangeiros e serviços estrangeiros, que permite *assegurar preferência à contratação daqueles*.⁴¹

O inciso II, do art. 2º, do referido decreto, refere à *margem de preferência adicional*, para aplicação do art. 3º, § 7º, do Estatuto ["margem de preferência cumulativa com a prevista no inciso I do *caput*, assim entendida como o diferencial de preços entre produtos manufaturados nacionais e serviços nacionais, resultantes de desenvolvimento e inovação tecnológica realizados no País, e produtos manufaturados estrangeiros e serviços estrangeiros, que permite assegurar preferência à contratação de produtos manufaturados nacionais e serviços nacionais"]; o inciso IV, ao *produto manufaturado nacional* ["produto que tenha sido submetido a qualquer operação que modifique a sua natureza, a natureza de seus insumos, a sua finalidade ou o aperfeiçoe para o consumo, produzido no território nacional de acordo com o *processo produtivo básico* definido nas Leis ns. 8.387, de 30 de dezembro de 1991, e 8.248, de 23 de outubro de 1991, ou com as regras de origem estabelecidas pelo Poder Executivo federal, tendo como padrão mínimo as regras de origem do Mercosul"];⁴² o inciso V, ao *serviço nacional* ["serviço prestado no País, nos termos, limites e condições estabelecidos nos atos do Poder Executivo que estipulem a margem de preferência por serviço ou grupo de serviços"].⁴³

40. Esse decreto estabelece diversas regras quanto à aplicação dos §§ 5º a 12, do art. 3º, da Lei 8.666/1993, e instituiu a *Comissão Interministerial de Compras Públicas*, com atribuições, dentre outras, de elaborar proposições normativas referentes a margens de preferência e medidas de compensação (art. 8º, I).

41. Dentre outros, ver os seguintes *decretos*, que estabelecem margem de preferência para produtos nacionais: 7.601, de 7.11.2011; 7.767, de 27.6.2012; 7.709 e 7.713, ambos de 3.4.2012; 7.756, de 15.6.2012; 7.816, de 28.9.2012; 7.843, de 12.11.2012; 8.184, 8.185 e 8.186, de 17.1.2014; 8.194, de 12.2.2014; 8.223, de 3.4.2014. Já, quanto aos *Estados e Municípios*, podem editar atos normativos a fim de viabilizar a aplicação da margem de preferência na licitação que realizarem. Contudo, poderão adotar aquelas estabelecias pelo Poder Executivo Federal, como lhes *faculta* o art. 3º, § 2º, do Decreto [federal] 7.546/2011.

42. O art. 6º, XVII, da Lei 8.666/1993, define *produtos manufaturados nacionais*: "produtos manufaturados, produzidos no território nacional de acordo com o processo produtivo básico ou com as regras de origem estabelecidas pelo Poder Executivo federal".

43. Já, os incisos VI e VII, do Decreto 7.546/2011, definem produto manufaturado estrangeiro e serviço estrangeiro ["aquele que não se enquadre nos conceitos

Finalmente, nos termos do art. 2º, da referida Lei 12.349, as regras quanto às margens de preferência aplicam-se à modalidade licitatória *pregão*, cujo regime está contemplado na Lei 10.520, de 17.7.2012.

3. As especificações técnicas: o desenvolvimento sustentável

31. A exigência para que a Administração atenda o *desenvolvimento sustentável* não é novidade no direito nacional; assim, para contratação de *obras e serviços* (cf. Seção III – Capítulo I da Lei 8.666/1993),[44] o estatuto licitatório estabelece, no art. 12, os *requisitos dos projetos básico e executivo*; dentre eles, *a adoção de normas de proteção à saúde e à segurança do trabalho e o impacto ambiental* (incisos VI e VII):

> Art. 12. Nos projetos básicos e projetos executivos de obras e serviços serão considerados principalmente os seguintes requisitos: *(Redação dada pela Lei n. 8.883, de 1994)*
>
> I – segurança;
>
> II – funcionalidade e adequação ao interesse público;
>
> III – economia na execução, conservação e operação;
>
> IV – possibilidade de emprego de mão-de-obra, materiais, tecnologia e matérias-primas existentes no local para execução, conservação e operação;
>
> V – facilidade na execução, conservação e operação, sem prejuízo da durabilidade da obra ou do serviço;
>
> VI – adoção das normas técnicas, de saúde e de segurança do trabalho adequadas; *(Redação dada pela Lei n. 8.883, de 1994)*
>
> VII – impacto ambiental.

estabelecidos nos incisos IV e V do *caput*, respectivamente" – referem à definição de produto manufaturado nacional e serviço nacional]; e normas técnicas brasileiras ["normas técnicas produzidas e divulgadas pelos órgãos oficiais competentes, entre eles a Associação Brasileira de Normas Técnicas – ABNT e outras entidades designadas pelo Conselho Nacional de Metrologia, Normalização e Qualidade Industrial – Conmetro"].

44. Evidentemente, também para *compras*, a Administração deveria pautar--se no desenvolvimento sustentável, ante o teor da própria Constituição Federal (proteção ao ambiente: arts. 23, VI; 225; 170, IV). A questão está mais centrada, hoje, especialmente por conta do inciso VI, do art. 170, da CF, com redação da EC 42, de 19.12.2003; de acordo com ele, um dos princípios da atividade econômica é a "defesa do meio ambiente, inclusive mediante tratamento diferenciado conforme o *impacto ambiental dos produtos e serviços e de seus processos de elaboração e prestação*".

Também a Lei 11.079, de 30.12.2004 – institui normas para licitação e contratação de *parcerias público-privadas* –, especificamente no art. 4º, VII, determina, como diretriz dessa espécie de contratação, a "sustentabilidade financeira e vantagens socioeconômicas dos projetos de parceria".

3.1 Desenvolvimento nacional sustentável (retomada do tema)

32. Para atendimento do *desenvolvimento sustentável*, verifica-se *todo processo* de captaçãodo produto, obra ou serviço, inclusive a *destinação posterior* do material inservível e dos resíduos sólidos; o art. 30, da Lei 12.305, de 2.8.2010, que instituiu a *Política Nacional de Resíduos Sólidos*, adotou a responsabilidade [ambiental] *compartilhada*:

> Art. 30. É instituída a responsabilidade compartilhada pelo ciclo de vida dos produtos, a ser implementada de forma individualizada e encadeada, abrangendo os fabricantes, importadores, distribuidores e comerciantes, os consumidores e os titulares dos serviços públicos de limpeza urbana e de manejo de resíduos sólidos, consoante as atribuições e procedimentos previstos nesta Seção.
>
> Parágrafo único. A responsabilidade compartilhada pelo ciclo de vida dos produtos tem por objetivo:
>
> I – compatibilizar interesses entre os agentes econômicos e sociais e os processos de gestão empresarial e mercadológica com os de gestão ambiental, desenvolvendo estratégias sustentáveis;
>
> II – promover o aproveitamento de resíduos sólidos, direcionando-os para a sua cadeia produtiva ou para outras cadeias produtivas;
>
> III – reduzir a geração de resíduos sólidos, o desperdício de materiais, a poluição e os danos ambientais;
>
> IV – incentivar a utilização de insumos de menor agressividade ao meio ambiente e de maior sustentabilidade;
>
> V – estimular o desenvolvimento de mercado, a produção e o consumo de produtos derivados de materiais reciclados e recicláveis;
>
> VI – propiciar que as atividades produtivas alcancem eficiência e sustentabilidade;
>
> VII – incentivar as boas práticas de responsabilidade socioambiental.

Já, o art. 31, da lei, estabelece:

> Art. 31. Sem prejuízo das obrigações estabelecidas no plano de gerenciamento de resíduos sólidos e com vistas a fortalecer a responsabilidade

compartilhada e seus objetivos, os fabricantes, importadores, distribuidores e comerciantes têm responsabilidade que abrange:

I – investimento no desenvolvimento, na fabricação e na colocação no mercado de produtos:

a) que sejam aptos, após o uso pelo consumidor, à reutilização, à reciclagem ou a outra forma de destinação ambientalmente adequada;

b) cuja fabricação e uso gerem a menor quantidade de resíduos sólidos possível;

II – divulgação de informações relativas às formas de evitar, reciclar e eliminar os resíduos sólidos associados a seus respectivos produtos;

III – recolhimento dos produtos e dos resíduos remanescentes após o uso, assim como sua subsequente destinação final ambientalmente adequada, no caso de produtos objeto de sistema de logística reversa na forma do art. 33;

IV – compromisso de, quando firmados acordos ou termos de compromisso com o Município, participar das ações previstas no plano municipal de gestão integrada de resíduos sólidos, no caso de produtos ainda não inclusos no sistema de logística reversa.

33. Assim, na *fase interna da licitação*, ao descrever o produto, a obra, ou o serviço, enfim ao caracterizar o objeto, tecnicamente, o Poder Público poderá *estabelecer parâmetros ambientais favoráveis*, indicando, dentre outros pontos, de proteção ao ambiente, os materiais que devem ser utilizados e o descarte deles segundo as normas ambientais.

3.1.1 Especificações ambientais

Trata-se de *especificações técnicas ambientais*, por meio das quais o Poder Público determina os materiais a serem empregados (quanto à composição do produto, menos agressivo ao ambiente); verifica o ciclo de vida do produto ou material etc.; sem prejuízo da exigência de *certificações ou cadastros* dos concorrentes, determinados no ordenamento.[45]

---

45. Esses registros concernem à *habilitação* dos concorrentes; ex.: cadastramento no Ibama dos importadores, produtores e comerciantes de mercúrio metálico (Decreto 97.634/1989; Portaria Ibama 32/1995); registro dos agrotóxicos e afins no órgão federal competente (Lei 7.802/1989, Decreto 4.074/2002). Cf. Luciana Maria Junqueira Terra, Luciana Pires Csipai e Mara Tieko Uchida, "Formas práticas de implementação das licitações sustentáveis: três passos para a inserção de critérios socioambientais nas contratações públicas", em Pinheiro Barki, Murillo Giordan Santos e Teresa Villac (coords.), *Licitações e Contratações Públicas Sustentáveis*, Fórum, 2011, p. 236.

3.1.2 Especificações de desempenho

Incluem-se, nas *especificações*, as de *desempenho*, ou seja, referentes aos *resultados ambientais*.[46]

Assim, a Administração pode exigir economia ou eficiência na distribuição de energia, na coleta e na eliminação de lixo, com menor prejuízo ao ambiente; escolha de aparelhos elétricos que gastem menos energia, ou veículos que consumam menos combustível etc.

Nesse sentido, a Lei 12.187, de 29.12.2009, que instituiu a Política Nacional sobre Mudança do Clima, no art. 6º, XII, estabelece *critério de preferência* nas licitações, inclusive nas parcerias público-privadas, para *propostas* que propiciem maior economia de energia, água e outros recursos naturais e redução de gases de efeito estufa e de resíduos.

3.1.3 Especificações de método de produção

Também há *especificações de método de produção ou prestação de serviços* favoráveis, ao ambiente, como adquirir energia a partir de energias renováveis (eólica, solar etc.), visando eliminar *padrões insustentáveis de produção*.[47]

3.2 Fundamento jurídico

Essas especificações ambientais, de desempenho e de método de produção – têm *fundamento*, além da Constituição, (a) nas *leis* – ambientais –, (b) nas *normas intestinas* da Administração, inclusive as expedidas por *órgãos ambientais*; observando-se a peculiaridade do objeto a ser licitado.

A rigor, as especificações devem constar do *instrumento convocatório* da licitação (art. 40, I, da Lei 8.666/1993); e *não prescindem* da *justificativa técnica*, porque deve demonstrar-se a necessidade real, efetiva, do objeto pretendido, com as características ambientais apontadas pela Administração.

É que a exigência descabida das especificações pode diminuir o universo de interessados, afetando uma das finalidades precípuas da licitação, que é a competitividade. Contudo, nos casos em que a lei, ou

---

46. Eduardo Fortunato Bim, "Considerações sobre a juridicidade e os limites da licitação sustentável", em Pinheiro Barki, Murillo Giordan Santos e Teresa Villac (coords.), *Licitações e Contratações Públicas Sustentáveis*, cit., p. 179.
47. Eduardo Fortunato Bim, idem, pp. 179-180.

as normas internas da Administração, determinar especificações, basta menção delas (leis ou normas) no instrumento convocatório, para atender à segurança jurídica e à publicidade.

34. O Poder Público, ao exigir as especificações, visando ao desenvolvimento sustentável, *não ofende o princípio da igualdade* [ou a sua vertente: o da competitividade na licitação], eis que a própria Constituição, conforme visto, *assegura a proteção ambiental*; trata-se de dois valores constitucionais [*igualdade*; *proteção do ambiente*], que devem ser harmonizados, concatenados, visando à *máxima aplicação* deles (*princípio da unidade da Constituição*).

Porém, não pode haver arbitrariedade. O *critério de apreciação concreta*, quanto às especificações do objeto, são a *razoabilidade* e a *proporcionalidade*. Daí a necessidade de haver *justificativa técnica* para adotar-se a *licitação sustentável*.[48]

4. As medidas de compensação – Regime jurídico

35. Finalmente, o § 11, do referido art. 3º, do Estatuto, acrescentado pela Lei 12.349/2010, possibilita, mediante *justificativa* da autoridade, a exigência aos concorrentes de *medidas de compensação* comercial, industrial, tecnológica em *favor de órgão ou entidade integrante da Administração, ou daqueles por ela indicados*, a partir de *processo isonômico*.

O citado Decreto 7.546, de 2.8.2011, no art. 2º, III, define *medida de compensação* como qualquer prática compensatória estabelecida como condição para o fortalecimento da produção de bens, do desenvolvimento tecnológico ou da prestação de serviços, com a intenção de gerar benefícios de natureza industrial, tecnológica ou comercial concretizados *nas formas estabelecidas no dispositivo*.[49]

---

48. O Decreto 7.746, de 5.6.2012, regulamentou o art. 3º, do Estatuto, para estabelecer critérios, práticas e diretrizes visando à *promoção do desenvolvimento nacional sustentável*, por meio de contratações realizadas pela *administração pública federal*, suas autarquias, fundações e empresas estatais. A adoção dessa prática deve ser justificada e constar no instrumento convocatório; e os dados serão veiculados como especificação técnica do objeto, ou como obrigação da contratada (art. 3º). Esse decreto aplica-se apenas no *âmbito federal*; Estados e Municípios podem estabelecer regras específicas a respeito do tema.

49. São as seguintes hipóteses de práticas de compensação [*inciso III do art. 2º do Decreto 7.546*]: "coprodução, produção sob licença; produção subcontratada; investimento financeiro em capacitação industrial e tecnológica; transferência de tecnologia; obtenção de materiais e meios auxiliares de instrução; treinamento de recursos humanos; contrapartida comercial; ou contrapartida industrial". Esse rol

5. Licitação restrita a bens e serviços nacionais

36. A licitação pode ser *restrita a bens e serviços com tecnologia desenvolvida no país*;⁵⁰ o art. 3º, § 12, acrescentado pela Lei 12.340/2010, tem a seguinte dicção:

Art. 3º. (...).

§ 12. Nas contratações destinadas à implantação, manutenção e ao aperfeiçoamento dos sistemas de tecnologia de informação e comunicação, considerados estratégicos em ato do Poder Executivo federal, a licitação poderá ser restrita a bens e serviços com tecnologia desenvolvida no País e produzidos de acordo com o processo produtivo básico de que trata a Lei n. 10.176, de 11 de janeiro de 2001 *(Incluído pela Lei n. 12.349, de 2010).*

O Decreto 7.546, de 2.8.2011, no art. 10, exige *ato conjunto* dos Ministérios do Planejamento, Orçamento e Gestão, de Ciência e Tecnologia e do desenvolvimento, Indústria e Comércio Exterior, para *qualificar bens e serviços estratégicos*.

36-A. A rigor, a Lei 8.387, de 30.12.1991, define *Processo Produtivo Básico* (PPB): "conjunto mínimo de operações, no estabelecimento fabril [relativo à fábrica, fabricante] que caracteriza a efetiva industrialização de determinado produto".

O regime do PPB encontra-se na Lei 10.176/2001; e são etapas fabris mínimas e necessárias que determinados produtos devem cumprir *para obter benefícios fiscais*. Trata-se de instrumento jurídico, destinado a *produtos específicos*, e não a certas empresas. Além disso, portarias Ministeriais estabelecem as operações necessárias para a caracterização do PPB.⁵¹

---

não é taxativo; aliás, o dispositivo alude, expressamente, a *outras formas de concretização* possíveis.

50. A definição de sistemas de tecnologia de informação e comunicação estratégicos está no art. 6º, XIX, da Lei 8.666/1993, nos seguintes termos: "XIX – sistemas de tecnologia de informação e comunicação estratégicos – bens e serviços de tecnologia da informação e comunicação cuja descontinuidade provoque dano significativo à administração pública e que envolvam pelo menos um dos seguintes requisitos relacionados às informações críticas: disponibilidade, confiabilidade, segurança e confidencialidade" *(Incluído pela Lei n. 12.349, de 2010).*

51. Na área de informática, a Lei 8.248, de 23.10.1991, no art. 3º, com redação da Lei 10.176, de 2001, refere à *ordem legal de preferência*, nas *aquisições de bens e serviços de informática e automação* [conceituados no art. 16-A da lei], no âmbito da *Administração Pública Federal* (i) para bens e serviços com tecnologia desenvolvida no país; (ii) bens e serviços produzidos de acordo com *processo produtivo básico*. No

Feitas essas considerações de ordem geral, veremos, a seguir, o regime, propriamente, das licitações.

caso de aquisição desses bens e serviços, *de natureza comum*, poderá ser realizada a modalidade licitatória *pregão*, porém, *restrita às empresas que cumpram o Processo Produtivo Básico* (§ 3º, art. 3º, Lei 8.248/1991). Ao respeito, ainda, Decreto federal 5.906, de 29.6.2006.

SEÇÃO II – REGIME JURÍDICO DAS LICITAÇÕES

CAPÍTULO 1
ÓRGÃOS E ENTIDADES QUE LICITAM

1. Quem deve licitar: 1.1 Aspectos gerais; 1.2 Estatais. Inexigibilidade de licitação; 1.3 Consórcios e convênios: 1.3.1 Consórcios públicos; 1.3.2 Convênios. Organizações Sociais (OSs) e Organizações da Sociedade Civil de Interesse Público (OSCIPs): 1.3.2.1 Linhas gerais. As legislações; 1.3.2.2 OSs: dispensa de licitação. Situação única.

1. Quem deve licitar

1.1 Aspectos gerais

37. Estabelecem o art. 1º e o parágrafo único, do Estatuto:

> Art. 1º. Esta Lei estabelece normas gerais sobre licitações e contratos administrativos pertinentes a obras, serviços, inclusive de publicidade, compras, alienações e locações no âmbito dos Poderes da União, dos Estados, do Distrito Federal e dos Municípios.
>
> Parágrafo único. Subordinam-se ao regime desta Lei, além dos órgãos da administração direta, os fundos especiais, as autarquias, as fundações públicas, as empresas públicas, as sociedades de economia mista e demais entidades controladas direta ou indiretamente pela União, Estados, Distrito Federal e Municípios.

Assim, podem[1] realizar licitação:[2]

1. "Poder", aqui, significa "competência" (dever jurídico) para licitar.
2. A Lei 8.666/1993 estabelece hipóteses de *licitação dispensável*, dentre as quais as referentes a patamares de valor, *inclusive* para *consórcios públicos, estatais e agências executivas* (cf. art. 24, I e II, c/c o § 1º, este incluído pela Lei 12.715, de

a) órgãos[3] da Administração direta; inclusive do Legislativo, do Judiciário e do Tribunal de Contas (art. 117, da Lei 8.666/1993);

b) autarquias (pessoas jurídicas de direito público, criadas por lei específica – art. 37, XIX, da CF);

c) fundações públicas[4] (pessoas jurídicas de direito público, instituídas por decreto, após autorização por lei específica e da definição, por lei complementar, da área de sua atuação – art. 37, XIX e XX, da CF)

d) empresas públicas (pessoas jurídicas de direito privado, com capital, totalmente, público, criadas por decreto, após autorização de lei específica – art. 37, XIX, da CF);

e) sociedades de economia mista (pessoas jurídicas de direito privado, com capital público e privado, cujo controle é do Poder Público; são criadas por decreto, após autorização de lei específica – art. 37, XIX, da CF).

f) entidades controladas direta ou indiretamente por entidades políticas (subsidiárias).

Acrescentamos:

g) consórcios públicos (*infra*, item c: *Consórcios e convênios*).

1.2 Estatais. Inexigibilidade de licitação

38. As *estatais* (empresas públicas e sociedades de economia mista) e as *fundações* podem editar *regulamentos próprios*, publicados, ficando sujeitas às disposições da *Lei 8.666/1993* (art. 119). Logo, esses regulamentos *não podem inovar* na ordem jurídica; devem obediência à *legalidade*.

17.9.2012) (v., neste trabalho: Seção II, Capítulo III, item II-e.2: *Licitação dispensável*). Também a licitação é dispensável, "na contratação realizada por empresa pública ou sociedade de economia mista com suas subsidiárias e controladas, para a aquisição ou alienação de bens, prestação ou obtenção de serviços, desde que o preço contratado seja compatível com o praticado no mercado" (art. 24, XXIII, da Lei 8.666/1993, incluído pela Lei 9.648, de 1998).

3. Órgãos são *centros de competência administrativa*; eles não detêm personalidade jurídica – quem a possui é o todo, isto é, o Estado.

4. *Fundações de direito privado*, instituídas pela Administração, também licitam. Quanto aos *fundos especiais*, referido no dispositivo legal [art. 1º, parágrafo único], "estão mencionados superabundantemente, pois são órgãos da Administração direta. Se não o fossem, seriam fundações governamentais" (Celso Antônio Bandeira de Mello, *Curso de Direito Administrativo*, 32ª ed., Malheiros Editores, 2015, p. 554, rodapé 17).

Já, *especificamente quanto às estatais*,[5] que atuam na *atividade econômica*, podem ter *estatuto licitatório próprio*, por *meio de lei*, conforme autorização constitucional (arts. 22, XXVII, parte final, e 173, § 1º, III, da CF).[6]

39. Entretanto, as estatais de *atividade econômica* não necessitam licitar especificamente na *compra de insumos e na comercialização do produzido*, nas palavras de Celso Antônio Bandeira de Mello,[7] pois é caso de *inexigibilidade de licitação* [art. 25 do Estatuto], devido à *incompatibilidade* lógica com a exigência de procedimento licitatório.[8]

A licitação, nessas hipóteses, conforme esse autor, "inviabilizaria o desempenho das atividades específicas para as quais foi instituída a entidade".[9] Pois, essas entidades, de direito privado, conquanto instituídas pelo Estado, atuam na *livre concorrência* [com os particulares] (art. 170, IV, da CF), na qual prepondera a *livre iniciativa* (art. 170, *caput*, da CF).

Seria fora de propósito entidade estatal, com atuação na *livre iniciativa* (atividade econômica), licitar para *aquisição* de produtos essenciais, ou para *alienação* do objeto produzido.

Deveras, como essas pessoas jurídicas estão em *concorrência* com os particulares que atuam na atividade econômica, não devem licitar, para compras de produtos essenciais, ou para alienação do que fora produzido. Caso contrário, sofreriam os reveses inerentes à livre competição, no *regime capitalista*; seriam aljadas da atividade econômica, devido à demora natural do procedimento licitatório.

Assim, no exemplo de Diógenes Gasparini,[10] o Banco do Brasil, para emprestar dinheiro, não licita. Se precisasse licitar, neste caso, o banco não suportaria a concorrência.

---

5. As estatais compreendem *empresas públicas e sociedades de economia mista*. Ambas são pessoas jurídicas de direito privado e integram a Administração Pública Indireta, ao lado das autarquias, fundações e consórcios públicos.
6. Cf. *supra*: Seção I, Capítulo I, item IV: *O art. 173, § 1º, III, da Constituição: estatais de atividade econômica*.
7. *Curso de Direito Administrativo*, 32ª ed., pp. 560-561.
8. Cf. *infra*: Seção II, Capítulo 3, item 2: *Desdobramentos*.
9. *Curso de Direito Administrativo*, 31ª ed., p. 555. Segundo esse ilustre professor, fora desses casos, "o dever de licitar se impõe e é evidente nas hipóteses em que a entidade apenas está adquirindo, montando, reformando ou alienando suas instalações ou equipamentos, sem que, em tais operações, haja interferência de qualquer peculiaridade relacionada com as exigências da atividade negocial que lhe é pertinente" (idem, ibidem).
10. *Direito Administrativo*, 17ª ed., Saraiva, 2012, p. 557.

1.3 Consórcios e convênios

40. Ao contrário dos *contratos* em geral (em que os interesses das partes são contrapostos), nos *convênios* [e nos *consórcios*] há unidade de interesses das partes da relação jurídica, pois visam ao mesmo resultado, no caso, o interesse público. Os interesses são, portanto, comuns.

O art. 116, *caput*, da Lei 8.666/1993, determina aplicar, *no que couber*, as normas contidas nessa lei, aos *convênios, acordos ou ajustes de quaisquer espécies, celebrados por órgãos e entidades da Administração*.

Dentre esses instrumentos de ação, destacam-se *consórcios públicos e convênios*. É que veremos, a seguir.

1.3.1 Consórcios públicos

41. *Consórcios públicos* são ajustes feitos entre *entidades políticas*, mediante a instituição de *pessoa jurídica* [distinta dos consorciados]. Podem ter natureza *pública ou privada* (?);[11] e sujeitam-se às *normas de licitações e contratos* (art. 6º, § 2º, da Lei 11.107, de 6.4.2005).[12] Evidentemente, inexiste licitação para a escolha da entidade consorciada; é caso de *inexigibilidade*.

41-A. Nos termos do art. 1º do Decreto 5.504, de 5.8.2005, os consórcios, nas compras, alienações etc., *devem licitar*, na forma da Lei 8.666/1993, *se perceberem e utilizarem verbas* voluntárias *da União*; na mesma hipótese, na *aquisição de bens e serviços comuns*, é *obrigatória a modalidade de licitação denominada pregão* (instituída pela Lei 10.520, de 17.7.2002), preferencialmente, o *eletrônico*.[13]

A nosso ver, *consórcios públicos precisam sempre licitar, independentemente de receberem verbas da União*; por serem entidades criadas pelo próprio Estado, a exigência do procedimento licitatório decorre da Constituição.[14] Contudo, se *receberam verbas da União*, quando forem

---

11. Aberração: natureza *privada* do consórcio (Celso Antônio Bandeira de Mello, ob. cit., 32ª ed., p. 686).

12. Essa lei, que regula o regime dos consórcios públicos, foi regulamentada pelo Decreto 6.017, de 17.1.2007.

13. O pregão eletrônico foi regulamentado pelo Decreto 5.450, de 31.5.2005. Sobre pregão: *infra*: Seção III, Capítulo II, item III.

14. Entretanto, não se pode olvidar o *limite de isenção* (*licitação dispensável*) previsto no § 1º, do art. 24, do Estatuto (incluído pela Lei 12.715, de 17.9.2012), quanto aos *consórcios públicos*, sociedades de economia mista, empresas públicas e autarquias ou fundações, qualificadas como Agências Executivas (Seção II, Capítulo III, item II-e.2: *Licitação dispensável*).

a*dquirir bens e serviços comuns*, devem utilizar o *pregão*, de *preferência*, na *forma eletrônica* (art. 1º, § 1º, do Decreto 5.504/2005).

41-B. Não haveria lógica isentar os consórcios da licitação, nas compras, alienações etc., pois constituem junção de *entidades políticas*, que são pessoas jurídicas de direito público, com cometimentos estatais. Depois, a própria legislação reguladora dos consórcios remete os consórcios de *natureza privada* às normas de licitações e contratos (art. 6º, § 2º, da Lei 11.107/2005). Se se proíbe o menos, com maior razão, o mais. Cuida-se do argumento *a minori ad maius*; se se proíbe o transporte de cães, com mais razão está proibido o de ursos (Ihering).[15] Portanto, com maior razão, consórcios de natureza pública devem licitar.

42. De regra, promove licitação quem deseja a obra, serviço ou bem. No entanto, o art. 112, § 1º, da Lei 8.666/1993, acrescentado pela Lei 11.107/2005, permite o consórcio público realizar licitação que decorram contratos administrativos celebrados por órgãos ou entidades dos entes federados consorciados.

1.3.2 Convênios, Organizações Sociais (OSs) e Organizações da Sociedade Civil de Interesse Público (OSCIPs)

1.3.2.1) Linhas gerais. As legislações

43. Ao contrário dos consórcios públicos, os *convênios* são ajustes em que *não há* criação de *pessoas jurídicas*; e podem ocorrer:

a) *entre entidades públicas*: não há licitação, devido à impossibilidade de competição entre elas (inviabilidade lógica);

b) *entre a Administração Pública e particular (a rigor, sem fins lucrativos)*.

Dispõe o *caput*, do art. 116, do Estatuto Licitatório: "Aplicam-se as disposições desta Lei, *no que couber*, aos *convênios*, acordos, ajustes e outros instrumentos congêneres celebrados por órgãos e entidades da Administração" (g.n.).[16]

A nosso ver, nos casos de convênios com entidades privadas, deve haver a prévia licitação, para a *escolha do convenente*,[17] ou procedimen-

---

15. Heraldo Garcia Vitta, *Aspectos...*, cit., p. 145, com citação de Maria Helena Diniz (*Compêndio de Introdução à Ciência do Direito*, p. 416).

16. Os parágrafos desse dispositivo estabelecem condições ou requisitos para celebração desses instrumentos.

17. Em sentido contrário Maria Sylvia Zanella Di Pietro, *Direito Administrativo*, 25ª ed., Atlas, 2012, pp. 350-351.

to competitivo (menos formal), em que a Administração tenha condições de verificar qual dos interessados tem melhores condições para realizar a atividade de interesse público.

Incluem-se, nesses lindes jurídicos, as *Organizações Sociais (OSs)*,[18] pois, a *escolha delas deve ser precedida de licitação,* ou procedimento, no qual se possa constatar a melhor proposta, bem como as condições do interessado. É que essas entidades privadas convenentes recebem verbas e bens *públicos* (e até servidores *públicos*!).

O mesmo se pode dizer das *Organizações da Sociedade Civil de Interesse Público (OSCIPs)*; é necessário procedimento competitivo para a escolha.[19]

Basta referir ao *princípio da indisponibilidade do interesse público,* para refutar entendimento diverso. Em linhas gerais, por meio desse princípio, aliás, base, estrutura, do Direito Administrativo, ao lado da *supremacia do interesse público,* pretende-se que a Administração não disponha do interesse público, titularizado por ela; qualquer disposição da coisa pública deve ter autorização legal. Ao contrário dos particulares, que detêm autonomia da vontade, a Administração precisa de lei para atuar.

Portanto, necessária licitação para a escolha da entidade convenente.

44. Na seara *federal,* especificamente no caso das *Organizações da Sociedade Civil de Interesse Público (OSCIPs,* regidas pela Lei 9.790/1999),[20] o Decreto 3.100, de 30.6.1999, nos arts. 23 e ss., com

18. *Organizações Sociais (OSs)* são pessoas jurídicas de direito privado, sem fins lucrativos, que atuam em dados setores de interesse social (ensino, pesquisa científica, proteção ambiental etc.), *qualificadas* – como tais – por ato administrativo, a partir do qual firmam *contrato de gestão* (em que há *metas de desempenho*) com órgão do Executivo e com base no qual poderão receber *verba e bens públicos, além de servidores públicos.* Grosso modo, esse é *modelo federal* de OSs (Lei 9.637, de 15.5.1998).

19. Quanto aos *contratos de gestão,* firmados com OSs, e aos *termos de parceria,* firmados com OSCIPs, explica Maria Sylvia Zanella Di Pietro: "O instrumento é praticamente o mesmo, apenas recebendo denominações diversas pelo legislador. Trata-se de miscelânea terminológica para designar entidades que, em termos genéricos, apresentam características muito semelhantes e que, por isso mesmo, mereciam *submeter-se ao mesmo regime jurídico*" (*Parcerias na Administração Pública,* p. 210, g.n.).

20. As *OSCIPs* (Organizações da Sociedade Civil de Interesse Público), reguladas pela Lei 9.790, de 23.3.1999 (âmbito federal), têm características semelhantes às das OSs; inclusive, atuam em áreas parelhas (assistência social, promoção gratuita de educação etc.). Mas a *qualificação* das OSCIPs é *ato administrativo vinculado*

redação dada pelo Decreto 7.568, de 2011, determina a *escolha [da OS-CIP]* mediante "edital de *concursos* de projetos pelo órgão estatal parceiro para obtenção de bens e serviços e para a realização de atividades, eventos, consultoria, cooperação técnica e assessoria".

Sobreveio o Decreto 6.170, de 25.7.2007, alterado pelo Decreto 8.244, de 23.5.2014, de aplicação, igualmente, na *área federal*; segundo essa legislação, *quando houver trespasse de recursos federais*, a celebração de *convênio* com *entidades privadas sem fins lucrativos* será *precedida de chamamento público* (art. 4º, com redação dada pelo Decreto 7.568, de 2011), o qual deverá estabelecer critérios objetivos visando à aferição da qualificação técnica e capacidade operacional do convenente para a gestão do convênio (art. 5º).

Contudo, advirta-se: o referido Decreto 6.170/2007 aplica-se aos convênios (acordos, contratos de gestão, termos de parceria etc.) entre Governo Federal e *entidades privadas sem fins lucrativos*. Além disso, a nosso ver, não se cuida de opção, ou discricionariedade da Administração; a disputa é *obrigatória, exceto quando inviável*, como na hipótese em que apenas um interessado teria condições para atender à finalidade de interesse público.

Já, o § 2º, do art. 4º, do referido ato administrativo, incluído pelo Decreto 7.568, de 2011, estabelece casos em que o *Ministro do Estado ou o dirigente máximo* da entidade da administração pública federal poderá, em *decisão fundamentada, excepcionar* a *exigência da disputa*.[21] Linhas gerais, nos termos do decreto, seriam situações de emergência ou calamidade pública; realização de programas de proteção a pessoas ameaçadas; mantença do acordo com a mesma entidade, se transcorrido prazo de pelo menos cinco anos do ajuste inicial.

44-A. Contudo, a Lei 13.019, de 31.7.2014 (com entrada em vigor decorridos *90 dias de sua publicação oficial* – art. 88), trouxe regras importantes sobre o assunto.

Por força do art. 22, XXVII, da Constituição, alterado pela EC 19/1998, a Lei 13.019 estabelece *normas gerais* para as *parcerias voluntárias*, envolvendo ou não transferências de recursos financeiros,

---

(o § 3º do art. 6º da Lei 9.790, estabelece: "o pedido de qualificação *somente será indeferido quando*: (...)" – g.n.); firmam *termo de parceria* com o Poder Público, no qual constam *metas de desempenho*, e podem receber *verbas e bens públicos*.

21. Advertimos o leitor de que as legislações referidas (leis e decretos), tanto das OSs quanto das OSCIPs, aplicam-se, a rigor, *no âmbito federal*. Estados e Municípios podem estabelecer normas diferentes, observados os princípios da Administração, gerais ou específicos da licitação.

estabelecidas pela *União, Estados, Distrito Federal, Municípios e respectivas autarquias, fundações, empresas públicas e sociedades de economia mista prestadoras de serviço público, e suas subsidiárias,* com *organizações da sociedade civil* [sem fins lucrativos, e que não distribuam, para seus membros, resultados, sobras etc., e cujos recursos são aplicados, integralmente, na consecução do objeto social] (art. 1º, c/c art. 2º, I, da Lei).

44-B. De acordo com essa lei, a Administração poderá tanto firmar "termo de colaboração", em que as finalidades de interesse público são propostas *pela própria Administração,* como "termo de fomento", no qual as finalidades de interesse público são propostas pelas *organizações da sociedade civil.*

Tudo sem prejuízo das *definições* atinentes ao *contrato de gestão* e ao *termo de parceria,* respectivamente referidas às OSs (Lei 9.637/1998) e às OSCIPs (Lei 9.790/1999, art. 2º, VII e VIII).

Assim, esses instrumentos, definidos nessas leis, permanecem na ordem jurídica. Nesse sentido, o art. 41, da Lei 13.019:

> É vedada a criação de outras modalidades de parceria ou a combinação das previstas nesta Lei. Parágrafo único. A hipótese do *caput* não traz prejuízos aos contratos de gestão e termos de parceria regidos, respectivamente, pelas Leis ns. 9.637, de 15 de maio de 1998, e 9.790, de 23 de março de 1999.

44-C. No entanto, os *contratos de gestão,* firmados com as OSs (Lei 9.637/1998), estão *excluídos* das *exigências da Lei 13.019,* por expressa disposição desta (art. 3º, III).

Em que pese *exclusão das exigências da Lei 13.019,* aos contratos de gestão firmados com as OSs, o fato inarredável é que a escolha dessas entidades deve ser precedida de licitação. Aliás, na área *federal,* no mínimo, permanecem as disposições do citado Decreto 6.170, de 25.7.2007; quando houver trespasse de verba federal, a celebração de convênios com entidades privadas sem fins lucrativos deve ser precedida de *chamamento público* (art. 4º, com redação do Decreto 7.568, de 2011).

Já, nas searas *estaduais e municipais,* cada qual poderá dispor a respeito do *procedimento competitivo* a ser adotado. Repita-se; a nosso ver, deve haver esse procedimento (competição)!

44-D. De outro lado, às OSCIPs, regidas por *termo de parceria* (Lei 9.790/1999), *aplicam-se as disposições da Lei 13.019, no que couber* (art. 4º). Ou seja: aplicam-se as normas dessa lei, quando não colidirem com dispositivos da própria Lei 9.790/1999, que regula a OSCIP, no âmbito federal.

Logo, OSCIPs, inclusive nos âmbitos *estaduais e municipais*, devem ser escolhidas mediante *chamamento público*, como determinado na Lei 13.019, na medida em que esta lei estabelece *normas gerais* a respeito do tema.[22]

44-E. De acordo com o art. 2º, XII, da Lei 13.019, "*chamamento público* é o procedimento destinados a selecionar organização da sociedade civil para firmar parceria por meio de termo de colaboração ou de fomento, no qual se garanta a observância dos princípios da isonomia, da legalidade, da impessoalidade, da moralidade, da igualdade, da publicidade, da probidade administrativa, da vinculação ao instrumento convocatório, do julgamento objetivo e dos que lhes são correlatos" (g.n.).

As diversas regras quanto aos chamamentos públicos encontram-se no art. 23 e seguintes, da Lei 13.019; cabe destacar o art. 29: "Exceto nas hipóteses expressamente previstas nesta lei, a celebração de qualquer modalidade de parceria será precedida de chamamento público". Norma semelhante há no art. 35, I, ao exigir essa espécie de licitação.

Assim, o art. 30 refere aos casos de *dispensa*; e o art. 31, à *inexigibilidade do chamamento público* "na hipótese de inviabilidade de competição entre as organizações da sociedade civil, em razão da natureza singular do objeto do plano de trabalho ou quando as metas somente puderem ser atingidas por uma entidade específica". Evidentemente, a ausência de processo seletivo deve ser *justificado* (art. 32).

Ainda de acordo com essa lei, os chamamentos públicos devem ser processados e julgados por *comissão*, órgão colegiado da Administração Pública, composto por agentes públicos, sendo, pelo menos, dois terços de seus membros servidores ocupantes de cargos permanentes do quadro de pessoal da administração realizadora do certame (art. 2º, X).

44-F. Já, quanto às contratações realizadas pelas *organizações da sociedade civil*, feitas com recursos transferidos pela Administração Pública, deverão observar os princípios básicos da Administração e da licitação (legalidade, moralidade etc.), inclusive a busca permanente de qualidade e durabilidade, "de acordo com o *regulamento de compras e*

---

22. Aliás, não vemos lógica no fato de a Lei 13.019 excluir as OSs, mantendo as OSCIPs sob seus auspícios. Acreditamos ter isso ocorrido por questões de ordem política, talvez devido ao fato de algumas unidades federativas adotarem as OSs, *sem licitação e com controle deficitário*, para dizer o mínimo, pondo em risco e comprometendo o erário!

contratações aprovado [pela Administração Pública parceira] para a consecução do objeto da parceria" (art. 43, *caput*), o qual constitui um dos anexos do instrumento de parceria (art. 42, parágrafo único, II).[23]

44-G. O art. 84 *veda a aplicação da Lei 8.666/1993*, nas relações de fomento e de colaboração, salvo nos casos expressamente previstos; e também veda a aplicação da legislação referente a *convênios*, que ficarão restritos a parcerias firmadas entre as entidades federadas.[24]

44-H. Finalmente, a Lei 8.958, de 20.12.1994 (dispõe sobre as relações entre as *instituições federais de ensino superior e de pesquisa científica e tecnológica* e as *fundações de apoio*; regulamentado pelo *Decreto 7.423*, de 31.12.2010),[25] no art. 1º-B, incluído pela Lei 12.863, de 2013, permite *organizações sociais e entidades privadas* realizar convênios e contratos, por prazo determinado, com as *fundações de apoio* às entidades de ensino federal, inclusive na gestão administrativa e financeira dos projetos, com a anuência expressas das instituições apoiadas.

O *parágrafo único* estabelece:

A celebração de convênios entre IFES ou demais ICTs apoiadas, fundações de apoio, entidades privadas, empresas públicas ou sociedades de economia mista, suas subsidiárias ou controladas, e *organizações sociais*, para finalidades de pesquisa, desenvolvimento, estímulo e fomento à inovação, será realizada mediante *critério de habilitação* das empresas, *regulamentadas em ato do Poder Executivo federal, não se aplicando* nesses casos a legislação federal que instituir normas para *licitações e contratos da administração pública* para a identificação e escolha das empresas convenentes (*incluído pela Lei 12.863, de 2013*) (g.n.).

E, assim, o Decreto 8.240, de 21.5.2014, regulamenta referidos convênios e os *critérios de habilitação* dessas empresas. Esse decreto, (a) além de permitir a parceria com entidades privadas, *com fins lucrativos*; (b) *veda, expressamente*, nos termos da lei 8.958, art. 1º-B, parágrafo

---

23. Ainda, neste trabalho: Seção III, Capítulo II, item III, "b": entidades que recebem verbas da União – OSs e OSCIPs.
24. Contudo, não se pode excluir totalmente a aplicação da Lei 8.666/1993; a realidade empírica poderá levar à aplicação de dispositivos dessa lei, no caso de lacuna da Lei 13.019. O art. 116, da Lei 8.666/1993 (que também é norma geral), determina a aplicação dela, no que couber, inclusivenos *acordos ou ajustes de quaisquer espécies*, firmados pela Administração.
25. Advirta-se: a celebração de convênios e contratos com *fundações de apoio*, na forma do artigo 24, XIII, da Lei 8.666/1993, *dispensa* licitação (art. 1º, *caput*, da Lei 8.958, com redação da Lei 12.863, de 2013).

único, *aplicação do Decreto 6.170/2007 e os Capítulos III, IV e V, do Decreto 7.423/2010.*[26]

Cuida-se de regras específicas, que rechaçam, em princípio, as normas da Lei 13.019, de 2014.[27]

1.3.2.2 OSs: dispensa de licitação. Situação única

45. O art. 24, XXIV, da Lei 8.666/1993, com redação dada pela referida Lei 9.648/1998, *dispensa* licitação "para a celebração de contratos de prestação de serviços com as organizações sociais, qualificadas no âmbito *das respectivas esferas de governo*, para atividades contempladas no contrato de gestão" (g.n.).

A nosso ver, esse dispositivo refere-se, como parece claro, à *dispensa de licitação* para celebração de *contratos de prestação de serviços* com a entidade da Administração da *esfera de governo da qual originou a OS*. Nada, além disso! *Não dispensa licitação para a escolha da própria OS.*

---

26. O Decreto 6.170 dispõe sobre normas relativas às transferências de recursos da União mediante convênios e contratos de repasse; e o Decreto 7.423 regulamenta a Lei 8.958, que dispõe sobre as relações entre entidades de ensino federal e as fundações de apoio: o Capítulo III refere à concessão de bolsas de estudo; o IV, aos Contratos e Convênios; e o V, ao Acompanhamento e Controle [da instituição apoiada].

27. Ademais, estabelece o art. 3º, II, da Lei 13.019: "Não se aplicam as exigências desta Lei: II – às transferências voluntárias regidas por lei específica, naquilo em que houver disposição expressa em contrário".

Capítulo 2
Requisitos Básicos da Licitação

1. Considerações iniciais: 1.1 Execução de obras e prestação de serviços; 1.2 Licitação de imenso vulto: audiência pública; 1.3 Projeto básico: críticas ao RDC; 1.4 Orçamento sigiloso no RDC: imoralidade; 1.5 Compras. O sistema de registro de preços no Estatuto e no RDC. 2. Vedações na Lei de Licitações (Estatuto) e no RDC: 2.1 Proibições no Estatuto: 2.1.1 Quanto ao objeto; 2.2.2 Quanto aos licitantes; 2.2 Proibições no RDC.

1. Considerações iniciais

1.1 Execução de obras e prestação de serviços

46. De acordo com o Estatuto, para *execução de obras e para prestação de serviços* (art. 7º e §§ e art. 12), a licitação tem a seguinte sequência: *projeto básico,*[1] *projeto executivo*[2] *e execução das obras e serviços.*

1. Segundo o art. 6º, IX, da Lei 8.666/1993, *projeto básico* é o conjunto de elementos que caracteriza a obra ou serviço, com nível de precisão adequado, com indicações e estudos técnicos, que assegurem a viabilidade técnica e o impacto ambiental do empreendimento, possibilitando, ainda, a avaliação do custo da obra, e definição dos métodos e do prazo de execução. No RDC, o conceito e os elementos do projeto básico estão no art. 2º, IV e parágrafo único, da Lei 12.462/2011.

2. Conforme o art. 6º, X, da Lei 8.666/1993, *projeto executivo* é "o conjunto dos elementos necessários e suficientes à execução completa da obra, de acordo com as normas pertinentes da Associação Brasileira de Normas Técnicas – ABNT". Tendo havido autorização da Administração, nada veda o *projeto executivo* realizar-se concomitantemente ao objeto contratado: logo, pode haver licitação *sem que tenha sido realizado o projeto executivo* (art. 7º, § 1º, da Lei 8.666/1993); o *mesmo ocorre no RDC* (art. 8º, § 7º, do RDC). De todo modo, o projeto executivo, também no RDC, é *imprescindível, qualquer que seja o regime de contratação adotado* (art. 8º, § 7º, da Lei 12.462/2011); e pode constituir encargo do *contratado* (art. 3º, § 2º, Decreto 7.581/2011, do RDC). Já, os requisitos *principais* do projeto *executivo* – assim

47. Ademais, somente poderão ser licitados (art. 7º, § 2º) se houver: (a) *projeto básico* aprovado pela autoridade; (b) *orçamento detalhado* em planilhas que expressem a composição dos *custos unitários*[3] [art. 7, § 8º: "qualquer cidadão poderá requerer à Administração Pública os quantitativos das obras e preços *unitários* de determinada obra executada" – g.n.]; (c) *previsão de recursos orçamentários* que assegurem o cumprimento das obrigações a serem executadas no exercício financeiro em curso;[4] (d) "o produto dela esperado estiver contemplado nas metas estabelecidas no *Plano Plurianual* de que trata o art. 165 da Constituição Federal, quando for o caso".

1.2 Licitação de imenso vulto: audiência pública

47-A. Ademais, no caso de *licitação de* "imenso vulto",[5] hipótese de *licitações simultâneas ou sucessivas*, nos patamares determinados no art. 39, *caput, deverá haver audiência pública prévia* (*art. 39 e parágrafo único*),[6] na qual se discutem questões referentes à licitação, projeto básico, orçamento, impacto ambiental etc.

como ocorre com o *projeto básico* – estão no art. 12 da Lei 8.666/1993. Destacamos a "adoção das normas técnicas, de saúde e de segurança do trabalho adequadas" (VI); e o "impacto ambiental" (VII), pois constituem *requisitos que atendem à licitação sustentável*.

3. O Decreto Federal 7.983, de 8.4.2013, estabelece regras e critérios para *elaboração do orçamento de referência de obras e serviços de engenharia*, contratados e executados *com recursos dos orçamentos da União*. Aliás, quando houver trespasse a Estados, Distrito Federal e Municípios, os convênios, contratos de repasse, termos de compromisso ou instrumentos congêneres devem conter cláusula que obrigue o beneficiário ao cumprimento das normas do decreto nas licitações que realizar para a contratação de obras ou serviços de engenharia com os recursos transferidos (art. 16, *caput*).

4. A Lei Complementar 101, de 4.5.2000 (*Lei de Responsabilidade Fiscal*) exige *ação planejada e transparente* do Poder Público, para *prevenção de riscos e correções* de desvios capazes de afetar o equilíbrio das contas públicas. Nesse sentido, o art. 16, da legislação, quanto à necessidade de estimativa do impacto orçamentário-financeiro no exercício em que deva entrar em vigor [a ação governamental que gere aumento de despesa] e nos dois subsequentes; e da declaração do ordenador de despesa quanto à compatibilidade com a lei orçamentária anual e com a lei de diretrizes orçamentárias.

5. Expressão cunhada de Celso Antônio Bandeira de Mello, *Curso de Direito Administrativo*, 32ª ed., cit., p. 590.

6. "Art. 39. Sempre que o valor estimado para uma licitação ou para um conjunto de licitações simultâneas ou sucessivas for superior a 100 (cem) vezes o limite previsto no art. 23, inciso I, alínea 'c' desta Lei *[patamar de valores nas concor-*

47-B. A nosso ver, embora a audiência pública, nesses casos, *seja obrigatória*, pois integra o que se costuma designar *democracia participativa*, os resultados, as considerações advindas dela, *não obrigam a Administração Pública*.

Entretanto, elas podem ser elementos para constatação do acerto, ou desacerto, da tomada futura das medidas administrativas; e, assim, se houver prejuízo à Administração, poderá originar nulidades na licitação e nos contratos; ou, havendo danos, indenização aos lesados.

1.3 Projeto básico: críticas ao RDC

48. O *projeto básico* é promovido, como regra, pela *Administração* interessada; e deve constar, no edital, o local onde poderá ser *examinado e adquirido* (art. 40, IV, da Lei 8.666/1993). O *projeto básico* é um dos [documentos] *anexados ao edital* (art. 40, § 2º, I).

Contudo, no RDC (Lei 12.462/2011, art. 8º, § 5º), o próprio *contratado deve* elaborá-lo, especificamente no caso de *contratação integrada*, que é a modalidade de contratação utilizada para obras e serviços de engenharia; e "compreende a elaboração e o desenvolvimento dos *projetos básico e executivo*, a execução de *obras e serviços de engenharia*, a montagem, a realização de testes, a pré-operação e todas as demais operações necessárias e suficientes para a *entrega final do objeto*", conforme o art. 9º, § 1º (g.n.).[7]

Ora, neste caso, como parece fácil notar, há possibilidade de "faz de conta", pois as condições efetivas de contratação seriam definidas

---

rências, para obras e serviços de engenharia], o processo licitatório será iniciado, obrigatoriamente, com uma audiência pública concedida pela autoridade responsável com antecedência mínima de 15 (quinze) dias úteis da data prevista para a publicação do edital, e divulgada, com a antecedência mínima de 10 (dez) dias úteis de sua realização, pelos mesmos meios previstos para a publicidade da licitação, à qual terão acesso e direito a todas as informações pertinentes e a se manifestar todos os interessados. Parágrafo único. Para os fins deste artigo, consideram-se licitações simultâneas aquelas com objetos similares e com realização prevista para intervalos não superiores a trinta dias e licitações sucessivas aquelas em que, também com objetos similares, o edital subsequente tenha uma data anterior a cento e vinte dias após o término do contrato resultante da licitação antecedente *(Redação dada pela Lei n. 8.883, de 1994)*".

7. Aliás, na *contratação integrada*, o critério de julgamento das propostas era, originariamente, o da *técnica e preço*, de acordo com o art. 9º, § 2º, III, do RDC; porém, esse dispositivo fora *revogado*, de forma expressa, pelo art. 3º, da Lei 12.980, de 28.5.2014, fruto da Medida Provisória 630, de 2013.

durante a execução do contrato.[8] Ademais, pode ocorrer comprometimento, em tese, do *julgamento objetivo das propostas*, já que o objeto ficaria incerto.[9-10]

49. Com isso, pode ocorrer de o objeto – com todos os elementos, os quais devem estar definidos, claramente, no projeto básico – caracterizar-se somente *durante a execução do contrato*, o que *desnaturaria o certame*.

De fato, o *projeto básico* define os elementos essenciais do objeto; e deve anteceder, *sempre*, o certame; elaborado e aprovado pela autoridade competente, fica à *disposição dos interessados*.

Caso contrário, haveria burla a licitação, como adverte Antônio Roque Citadini (antes do advento da lei do RDC), na medida em que pode propiciar favorecimentos por *informações privilegiadas* de alguns concorrentes quanto ao objeto a ser licitado.[11]

Por isso, se o projeto básico for encargo do contratado, isto é, o vencedor da licitação, como permite o RDC, poderá levar a inúmeros problemas de ordem ética e *moral*, em prejuízo da finalidade do procedimento licitatório.

50. Para obviar essa situação, a exigência da lei do RDC adstringe-se ao necessário *anteprojeto de engenharia* [na hipótese de *contratação integrada*, art. 9º, § 2º, I]; possivelmente, explica Dal Pozzo, esse documento técnico será menos completo, e bastante simplificado, em com-

---

8. É a afirmação de Dal Pozzo: "Panorama geral dos regimes de execução previstos no regime diferenciado de contratações: a contratação integrada e seus reflexos", em Márcio Cammarosano, Augusto Neves Dal Pozzo e Rafael Valim (coords.), *Regime Diferenciado de Contratações Públicas, Aspectos Fundamentais*, 2ª ed., Fórum, 2012, p. 54.

9. Guilherme San Juan Araujo, Edson Luz Knippel e Henrique Zelante, "Aspectos penais da Lei n. 12.462, de 5 de agosto de 2011", em Márcio Cammarosano, Augusto Neves Dal Pozzo e Rafael Valim (coords.), *Regime Diferenciado de Contratações Públicas, Aspectos Fundamentais*, 2ª ed., cit., p. 151.

10. Já, quanto ao *projeto executivo*, segundo a Lei 8.666/1993, *pode ser desenvolvido concomitante à execução das obras e serviços* (art. 7º, § 1º); logo, pode iniciar-se a licitação sem projeto executivo. No RDC, idem; apenas se veda a realização (= construção) de obra ou prestação de serviços sem o projeto executivo (art. 8º, § 7º, RDC).

11. *Comentários e Jurisprudência sobre a Lei de Licitações Públicas*, 2ª ed., Max Limonad, 1997, p. 67. O mesmo autor adverte para o fato de que o projeto básico deve ser *completo e preciso*; segundo ele, uma das irregularidades mais comuns na Administração Pública é a contratação de obra [ou serviço] singela, propositalmente incompleta, para, em seguida, após a escolha do vencedor, promover-se alterações no objeto licitado, *ampliando o valor da obra ou serviço* (idem, ibidem).

paração ao projeto básico.[12] Há muitos *riscos e iniquidades* no RDC![13] Mascara-se a ausência do projeto básico prévio com outro documento, de menor equivalência, e sem os rigores daquele.[14]

1.4 Orçamento sigiloso no RDC: imoralidade

51. De acordo com o RDC, haverá a utilização, sempre que possível, nas *planilhas de custos constantes das propostas oferecidas pelos licitantes*, respeitado o limite do *orçamento estimado* [pela Administração] *para a contratação* (art. 4º, V).

Entretanto, dispõe o art. 6º: *exceto no caso de critério de julgamento por maior desconto*,[15] *o orçamento estimado* [pelo Poder Público] *será tornado público apenas e imediatamente após o encerramento da licitação, sem prejuízo do detalhamento dos quantitativos e das demais informações para a elaboração das propostas.*

Assim, o orçamento estimado pelo Poder Público *tem caráter sigiloso*; e *será disponibilizada somente aos órgãos de controle externo e interno*, nos termos do citado dispositivo (§ 3º).

52. Márcio Cammarosano, *com soberba razão*, elabora acirradas críticas quanto a esse aspecto.[16] Resumidamente, seriam as seguintes:

12. Art. e ob. cits., pp. 54-55.

13. Ante a lei do RDC (art. 8º, § 1º), "nas licitações e contratações de obras e serviços de engenharia serão adotados, preferencialmente, os regimes discriminados nos incisos II *[empreitada por preço global]*, IV *[empreitada integral]* e V *[contratação integrada]* do *caput* deste artigo".

14. V., ainda, neste trabalho: *Capítulo Único – Considerações Finais ao RDC (Críticas).*

15. No *critério de julgamento [das propostas] de maior desconto*, [assim como ocorre com o critério de julgamento pelo menor preço], a Administração considera o menor dispêndio, para ela, atendidos os parâmetros mínimos de qualidade (art. 19, do RDC). A referência será o *preço global fixado no instrumento convocatório* (art. 19, § 2º, do RDC). Assim, há necessidade, nessa modalidade de julgamento, de fixação do valor estimado pela Administração, aliás, como está expresso no art. 6º, § 1º, do RDC.

16. Arts. 5º a 7º da Lei 12.462, de 5.8.2011 (Márcio Cammarosano, Augusto Neves Dal Pozzo e Rafael Valim (coords.), *Regime Diferenciado de Contratações Públicas, Aspectos Fundamentais*, 2ª ed., Fórum, 2012, pp. 32 e ss.). Conforme esse autor, cuida-se de "jogo de esconde-esconde", *inconstitucional*, por ofensa ao devido processo legal (contraditório e ampla defesa, com os meios e recursos a ela inerentes) (idem, ibidem, p. 36). Além disso, a norma não passa sob o crivo da *razoabilidade* (também admitido pelo referido professor), porque *imoral*, írrita.

(a) a Lei Complementar 101/2000 (Lei de Responsabilidade de Fiscal) determina *ação planejada e transparente na gestão fiscal*;

(b) há recíprocas implicações entre a *definição clara do objeto* [a rigor, estipulado no projeto básico] e a estimativa de custo dele, mediante *orçamento prévio* (controle);

c) a justificativa do Poder Público, para adotar esse regime [possibilidade de conluio entre os interessados] é falaciosa; com ou sem sigilo, conluio sempre poderá haver, mesmo porque a Administração Pública só pode elaborar orçamento prévio de acordo com os preços vigentes no mercado [art. 9º, § 2º, II, do RDC], obviamente de conhecimento das empresas do ramo. Há, pois, risco de quebra do sigilo por parte dos órgãos de fiscalização; d) segundo o RDC, o sigilo do orçamento ocorre até o *encerramento da licitação*, ou seja, até *exaurir a fase recursal* (cf. art. 12, VII e 28).[17]

53. Há, assim, *ofensa ao devido processo legal*, contraditório e ampla defesa, pois, nos termos do RDC, as propostas *devem ser desclassificadas* quando "*manifestamente inexequíveis* ou permaneçam *acima do orçamento* estimado para a contratação, *inclusive na hipótese do art. 6º*" (art. 24, III); isto é, mesmo que o orçamento seja sigiloso, as propostas que apresentarem esses vícios devem ser *desclassificadas...*!

53-A. Não infirma isso a alegação de que a Administração pode *negociar* com o primeiro classificado, cuja proposta tenha sido superior ao orçado pelo órgão público. Nessa linha, a desclassificação da proposta não seria automática; pois, a Comissão de Licitação pode negociar, com o licitante, condições mais vantajosas (art. 43, § 1º, Decreto 7.581; art. 26, parágrafo único, da Lei 12.462). Somente se este não aceitar a negociação, a proposta seria *desclassificada*.

Não infirma porque o orçamento estimado (valor máximo admitido), pela Administração, do objeto a ser contratado, deve ser feita no

---

17. Essas e outras incongruências da lei levaram Alexandre Mazza a fazer os seguintes comentários: "Como se sabe, a Lei do RDC não foi criada para facilitar a transparência e o controle sobre os gastos públicos. Muito pelo contrário"; "De fato, a Lei do RDC parece ter sido elaborada para impedir que empresas 'não amigas' tenham chance real de disputar a celebração dos contratos *[administrativos]*" ("Aspectos atinentes aos pedidos de esclarecimento, impugnações, recursos administrativos e sanções administrativas no regime diferenciado de contratações públicas", em Márcio Cammarosano, Augusto Neves Dal Pozzo e Rafael Valim (coords.), *Regime Diferenciado de Contratações Públicas, Aspectos Fundamentais*, 2ª ed., Fórum, 2012, pp. 142 e 144).

bojo do procedimento, durante a realização deste, com *todos os detalhes e informes* necessários ao deslinde *justo* do certame.

Mas, como o orçamento da Administração [*preço máximo* admitido no certame] torna-se público (divulgação) somente depois da *fase recursal*, impossibilita, ou dificulta, os concorrentes (especialmente o primeiro classificado, cuja proposta estaria acima do orçamento) a análise e verificação *detida* a respeito dos elementos e dados constantes na peça orçamentária, que teriam levado a Administração a fixar os valores do objeto a ser contratado. Inviabiliza-se, pois, definitivamente, a possibilidade do contraditório pleno e defesa ampla.

1.5 Compras; o sistema de registro de preços no Estatuto e no RDC[18]

54. Já, no *caso de compras*, em geral, a Lei 8.666/1993, no art. 14, exige: a adequada caracterização do objeto; e a indicação dos recursos financeiros [previsão de recursos orçamentários; não há exigência da prévia liberação dos recursos];[19] *pena de nulidade do ato e responsabilidade* de quem lhe tiver dado causa.

55. Como regra, a Lei 8.666/1993 determina que as compras [a rigor: serviços também] da Administração devem processar-se por meio do sistema de *registro de preços* (art. 15, II), na *modalidade licitatória concorrência* (art. 15, § 3º, II), ou, na hipótese de *aquisição de bens e serviços comuns, na modalidade pregão* (art. 11 da Lei 10.520/2002).

Conforme o art. 7º, *caput* e § 1º, do Decreto 7.892, este com redação do Decreto 8.250, de 2014, a regra, na *concorrência*, é o julgamento de *menor preço* [assim como ocorre no pregão]; porém, o critério da *técnica e preço* poderá ser adotado [na concorrência], de forma *excepcional*, a critério do órgão competente, mediante *despacho fundamentado da autoridade máxima do órgão ou entidade*.

18. A *Instrução Normativa 5*, de 27.6.2014, da Secretária de Logística e Tecnologia da Informação do Ministério do Planejamento, Orçamento e Gestão, regula o procedimento administrativo para a realização de *pesquisa de preços para a aquisição de bens e contratação de serviços em geral*. Esse ato administrativo estabelece *parâmetros e ordem de preferência para a pesquisa de preços*.

19. Marçal Justen Filho, *Comentários à Lei de Licitações e Contratos Administrativos*, 11ª ed., Dialética, 2005, p. 137. De acordo com o art. 7º, § 2º, do Decreto 7.892, "na licitação para registro de preços não é necessário indicar a dotação orçamentária, que somente será exigida para a formalização do contrato ou outro instrumento hábil".

O sistema de registro de preços é procedimento utilizado quando a Administração pretende *adquirir bens ou serviços*,[20] para uso cotidiano, especialmente nos casos de *bens padronizados* (art. 15, I), ou obtenção de serviços, para uso rotineiro.

56. Conforme explica Celso Antônio Bandeira de Mello, como a Administração precisará várias vezes recorrer a esses serviços ou adquirir esses bens, ela procede ao certame, uma única vez, cujo preço, o da proposta vencedora [cotação mais baixa], será *registrado*. Assim, cada vez que o Poder Público precisar desses bens ou serviços, poderá adquiri-los, pagando o valor do preço registrado.[21]

57. A validade do registro de preços é de *até um ano* (art. 15, § 3º, III e § 6º); na *área federal*, está regulamentado pelo Decreto 7.892, de 23.1.2013, alterado pelo Decreto 8.250, de 2014; *qualquer cidadão* poderá impugnar o preço constante no registro (art. 15, § 6º).[22]

58. No entanto, a Administração *não está obrigada a contratar com o vencedor*, pois a lei lhe faculta utilizar outros meios, "respeitada a legislação relativa às licitações"; "sendo assegurado ao beneficiário do registro preferência em igualdade de condições" (art. 15, § 4º).[23]

58-A. A Administração somente *não adquirirá* o objeto registrado, se acaso puder obtê-lo mediante *menor preço, ou maiores vantagens*,

---

20. Hely Lopes Meirelles (*Direito Administrativo Brasileiro*, 41ª ed., Malheiros Editores, 2015, p. 393) cita acórdão do STJ [ROMS 15.647, rela. Min. Eliana Calmon], no sentido de que o registro de preços pode ser adotado para aquisição de bens, obtenção de serviços e *obras*.

21. *Curso de Direito Administrativo*, 32ª ed., Malheiros Editores, 2015, p. 587.

22. A Secretaria de Logística e Tecnologia da Informação do Ministério do Planejamento, Orçamento e Gestão, editou a *Instrução Normativa 6*, de 25.7.2014, a qual dispõe sobre o *remanejamento* das quantidades previstas para os itens com preços registrados na Atas de Registro de Preços. Por meio dela: "Nas Atas de Registro de Preços, as quantidades previstas para os itens com preços registrados poderão ser remanejadas pelo órgão gerenciado entre os *órgãos participantes e não participantes* do procedimento licitatório para registro de preços" (art. 2º, *caput*); "Caso o remanejamento seja feito entre órgãos de Estados ou Municípios distintos, caberá ao fornecedor beneficiário da Ata de Registro de Preços, observadas as condições nela estabelecidas, *optar pela aceitação ou não* do fornecimento decorrente do remanejamento dos itens" (g.n.).

23. Aliás, no RDC, o § 3º do art. 32 tem redação semelhante: "A existência de preços registrados não obriga a administração pública a firmar os contratos que deles poderão advir, sendo facultada a *realização de licitação específica*, assegurada ao licitante registrado preferência em igualdade de condições" (g.n.).

situações essas *devidamente justificadas*; e *deve proceder à nova licitação*.

59. No Regime Diferenciado de Contratação (RDC), o art. 32, *caput*, da Lei 12.462, determina que o sistema de registro de preços "reger-se-á pelo disposto em regulamento"; o mesmo ocorre na *seleção* [da proposta], a qual deve proceder de acordo com as normas previstas em regulamento (art. 32, § 2º, II). E, de fato, o Decreto 7.581, de 11.10.2011, alterado pelos Decretos 8.080, de 2013, e 8.251, de 2014, estabelece nada menos do que *21 artigos* sobre registro de preços no RDC (arts. 87 a 108); enquanto o Decreto 7.892, que regulamenta o Sistema de Registro de Preços contido no art. 15, da Lei 8.666, de 1993, contém 29 artigos.

60. Dentre outros pontos, mencionados no Decreto 7.581, o *critério de julgamento* deve ser o de *menor preço, maior desconto ou técnica e preço* (redação do Decreto 8.251, de 2014); há necessidade de ampla pesquisa no mercado etc. (art. 90, II e III); a indicação da dotação orçamentária só será necessária para a formalização do contrato ou instrumento equivalente (art. 91).[24]

60-A. O art. 16 da Lei 12.462, de 2011, admite, no RDC, os *modos de disputa* pelos sistemas *aberto* ou *fechado*, "que poderão ser combinados *na forma do regulamento*". No *sistema aberto*, os licitantes apresentam as ofertas por lances públicos, sucessivos; no *fechado*, as propostas são sigilosas, até o momento designado para a abertura (art. 17, I e II, da Lei 12.462/2011).[25]

Pois bem, no *registro de preços do RDC*, há possibilidade de o Poder Público usar "todos os modos de disputa, previstos no Decreto [fechado/aberto], combinados, ou não" (art. 90, I, do Decreto 7.581/2011).

2. Vedações na Lei de Licitações (Estatuto) e no RDC

2.1 Proibições no Estatuto

61. A Lei de Licitações (8.666/1993) estabelece *vedações*. Veremos algumas delas:

---

24. Ademais, o art. 102 e ss. previram regras quanto à *adesão* [*carona*] ao registro de preços de órgão ou entidade pública, que não tenha participado do certame licitatório.

25. O sistema da combinação dos modos de disputa encontra-se nos arts. 23 e 24 do *Decreto* 7.581/2011.

2.1.1 Quanto ao objeto

1) Art. 7º, § 3º:

É vedado incluir no objeto da licitação a obtenção de recursos financeiros para sua execução, qualquer que seja a sua origem, exceto nos casos de empreendimentos executados e explorados sob o regime de concessão, nos termos da legislação específica.

61-A. Esse dispositivo aplica-se *também nas compras* da Administração, apesar de constar na Seção III (das Obras e Serviços), do Capítulo I, da Lei 8.666/1993. Nesse sentido, Renato Geraldo Mendes.[26]

62. Assim, *de regra*, vedam-se licitações vinculadas às garantias de financiamentos, pelos participantes, para a execução do contrato.[27] Pois, a Administração deve ter *recursos orçamentários* [arts. 7º, III, e 14] para honrar o compromisso assumido com o vencedor do certame.

63. A ordenação jurídica excepciona duas ordens de casos: (a) *concessão* [e permissão – art. 175 da CF] de serviço público [e obra pública], na forma da Lei 8.987, de 13.2.1995, porque é da *natureza* da concessão o próprio *concessionário* obter recursos necessários para executar o contrato;[28] e (b) *licitação internacional*, em que pode haver *propostas* de fornecedores [externos] para realização de obras, venda, ou prestação de serviços, e *financiamento* de instituições financeiras internacionais, a fim de que a Administração possa honrar o pagamento do preço do produto ou do serviço.[29] Assim, as *propostas* dos concorrentes abrangerão tanto as condições e vantagens do *objeto* licitado quanto aquelas pertinentes ao *financiamento* dele.

64. Dispõe o § 4º do art. 7º do Estatuto:

---

26. *Lei de Licitações e Contratos*, 8ª ed., Zênite, 2011, p. 140. Segundo o autor, a norma é de direito financeiro, de aplicação obrigatória.

27. Antônio Roque Citadini, *Comentários e Jurisprudência sobre a Lei de Licitações Públicas*, 2ª ed., p. 72.

28. Celso Antônio Bandeira de Mello afirma: "É indispensável – sem o quê não se caracterizaria a concessão de serviço público – que o concessionário se remunere pela 'exploração' do *próprio serviço concedido*" (*Curso de Direito Administrativo*, 32ª ed., p. 726, grifos originais).

29. O § 5º, do art. 42, da Lei 8.666/1993 possibilita a realização de obras, a prestação de serviços ou aquisição de bens com recursos provenientes de financiamento.

É vedada, ainda, a inclusão, no objeto da licitação, de fornecimento de materiais e serviços sem previsão de quantidades ou cujos quantitativos não correspondam às previsões reais do projeto básico ou executivo.

O dispositivo é importantíssimo, pois evita fraudes e corrupção no âmbito da Administração Pública; à medida das configurações contidas nos projetos básico e executivo, a Administração comprará os materiais, ou solicitará os serviços, inclusive com *previsão de quantidades*. Não pode haver licitação para quantidades indefinidas, incertas; é preciso que haja estimativa daquilo que o Poder Público necessita.

Aliás, por força do § 8º do art. 7º da Lei 8.666/1993, "qualquer cidadão poderá requerer à Administração Pública os *quantitativos* das obras e *preços unitários* de determinada obra executada" (g.n.). Regra essa que, basicamente, não se aplica apenas às *obras*, mas aos *serviços e compras* de bens.[30]

65. Já, o § 5º do art. 7º do Estatuto, estabelece:

§ 5º. É vedada a realização de licitação cujo objeto inclua bens e serviços sem similaridade ou de marcas, características e especificações exclusivas, salvo nos casos em que for tecnicamente justificável, ou ainda quando o fornecimento de tais materiais e serviços for feito sob o regime de administração contratada, previsto e discriminado no ato convocatório.

A norma destina-se atender ao *princípio da impessoalidade* (faceta do *princípio da igualdade*); ou o seu corolário, o da *competitividade*, nos certames licitatórios. Essa situação nos remete ao estudo do art. 25 da Lei 8.666/1993 (*inexigibilidade de licitação*), analisado oportunamente.[31]

2.1.2 Quanto aos licitantes

66. Especificamente quanto às vedações aos *concorrentes*, o art. 9º estabelece as seguintes regras:

30. O Decreto 7.581/2011 (regulamenta o RDC), com redação do Decreto 8.080/2013, permite a adoção do registro de preços, dentre outras hipóteses, "quando pela *natureza* do objeto, não for possível definir previamente o quantitativo a ser demandado pela administração pública" (art. 89, IV). Idêntica norma contém o Decreto 7.892/2013 (art. 3º, IV), que regulamenta, no âmbito federal, o registro de preços perante a Lei 8.666/1993.
31. Seção II, Capítulo III, item II-c: *Inexigibilidade de licitação*.

Art. 9º. Não poderá participar, direta ou indiretamente, da licitação ou da execução de obra ou serviço e do fornecimento de bens a eles necessários:

I – o autor do projeto, básico ou executivo, pessoa física ou jurídica;

II – empresa, isoladamente ou em consórcio, responsável pela elaboração do projeto básico ou executivo ou da qual o autor do projeto seja dirigente, gerente, acionista ou detentor de mais de 5% (cinco por cento) do capital com direito a voto ou controlador, responsável técnico ou subcontratado;

III – servidor ou dirigente de órgão ou entidade contratante ou responsável pela licitação.

§ 1º. É permitida a participação do autor do projeto ou da empresa a que se refere o inciso II deste artigo, na licitação de obra ou serviço, ou na execução, como consultor ou técnico, nas funções de fiscalização, supervisão ou gerenciamento, exclusivamente a serviço da Administração interessada.

§ 2º. O disposto neste artigo não impede a licitação ou contratação de obra ou serviço que inclua a elaboração de projeto executivo como encargo do contratado ou pelo preço previamente fixado pela Administração.

§ 3º. Considera-se participação indireta, para fins do disposto neste artigo, a existência de qualquer vínculo de natureza técnica, comercial, econômica, financeira ou trabalhista entre o autor do projeto, pessoa física ou jurídica, e o licitante ou responsável pelos serviços, fornecimentos e obras, incluindo-se os fornecimentos de bens e serviços a estes necessários.

§ 4º. O disposto no parágrafo anterior aplica-se aos membros da comissão de licitação.

67. Trata-se de *proibições* (impedimentos) que atendem aos princípios da *moralidade* e da *impessoalidade*; e compreendem tanto a participação (direta ou indireta) na *licitação* e na *execução* [dos contratos], conforme a redação do *caput* do art. 9º. Visa, também, atender ao *princípio da igualdade* (isonomia) e ao da *competitividade*.[32]

---

32. V., ainda, *infra*: Seção III, Capítulo III, item IV-d: *Comissão Licitatória (e outras), Impedimentos*.

2.2 Proibições no RDC

68. No RDC, com vedações semelhantes, o art. 36, da Lei 12.462, a par de destrinchar as hipóteses [legais] de *vedações* aos *concorrentes* (*caput*) e aos *membros da comissão* (§ 5º), e de referir a *impedimentos por vínculo de parentesco*, excepciona do caso as *contratações integradas* (§ 1º), porque, nessa espécie de contrato, o *vencedor* elabora *todas as etapas necessárias* para a execução do objeto, inclusive o *projeto básico*.[33]

68-A. Ainda nas *contratações integradas*, o Decreto 7.581 (art. 3º, § 1º, II) veda participação direta ou indireta nas licitações da pessoa física ou jurídica que elaborar o *anteprojeto de engenharia*. Apesar de constar num simples decreto, essa proibição parece correta – e atende aos princípios da Administração – pois o anteprojeto de engenharia, nas contratações integradas propende a fazer o papel *inicial* do *projeto*

---

33. "Art. 36. É vedada a participação direta ou indireta nas licitações de que trata esta Lei: I – da pessoa física ou jurídica que elaborar o projeto básico ou executivo correspondente; II – da pessoa jurídica que participar de consórcio responsável pela elaboração do projeto básico ou executivo correspondente; III – da pessoa jurídica da qual o autor do projeto básico ou executivo seja administrador, sócio com mais de 5% (cinco por cento) do capital votante, controlador, gerente, responsável técnico ou subcontratado; ou IV – do servidor, empregado ou ocupante de cargo em comissão do órgão ou entidade contratante ou responsável pela licitação. § 1º. Não se aplica o disposto nos incisos I, II e III do *caput* deste artigo no caso das contratações integradas. § 2º. O disposto no *caput* deste artigo não impede, nas licitações para a contratação de obras ou serviços, a previsão de que a elaboração de projeto executivo constitua encargo do contratado, consoante preço previamente fixado pela administração pública. § 3º. É permitida a participação das pessoas físicas ou jurídicas de que tratam os incisos II e III do *caput* deste artigo em licitação ou na execução do contrato, como consultor ou técnico, nas funções de fiscalização, supervisão ou gerenciamento, exclusivamente a serviço do órgão ou entidade pública interessados. § 4º. Para fins do disposto neste artigo, considera-se participação indireta a existência de qualquer vínculo de natureza técnica, comercial, econômica, financeira ou trabalhista entre o autor do projeto, pessoa física ou jurídica, e o licitante ou responsável pelos serviços, fornecimentos e obras, incluindo-se os fornecimentos de bens e serviços a estes necessários. § 5º. O disposto no § 4º deste artigo aplica-se aos membros da comissão de licitação. Art. 37. É vedada a contratação direta, sem licitação, de pessoa jurídica na qual haja administrador ou sócio com poder de direção que mantenha relação de parentesco, inclusive por afinidade, até o terceiro grau civil com: I – detentor de cargo em comissão ou função de confiança que atue na área responsável pela demanda ou contratação; e II – autoridade hierarquicamente superior no âmbito de cada órgão ou entidade da administração pública."

básico,[34] o qual, *por sua vez*, será elaborado, *posteriormente*, pelo vencedor da licitação.

34. Porém, o anteprojeto de engenharia, evidentemente, não detém a mesma qualidade técnica, a mesma consistência, do *projeto básico*! Dispõe o art. 9º, § 2º, I, da Lei 12.462, de 2011: "No caso de contratação integrada: I – o instrumento convocatório deverá conter anteprojeto de engenharia que contemple os documentos técnicos destinados a possibilitar a caracterização da obra ou serviços, incluindo: a) a demonstração e a justificativa do programa de necessidades, a visão global dos investimentos e as definições quanto ao nível de serviço desejado; b) as condições de solidez, segurança, durabilidade e prazo de entrega, observado o disposto no *caput* e no § 1º do art. 6º desta Lei *[o art. 6º refere ao orçamento sigiloso]*; c) a estética do projeto arquitetônico; e d) os parâmetros de adequação ao interesse público, à economia na utilização, à facilidade na execução, aos impactos ambientais e à acessibilidade".

CAPÍTULO 3

PRESSUPOSTOS DA LICITAÇÃO

1. Lógico, jurídico e fático: 1.1 No plano lógico; 1.2 No plano jurídico; 1.3 No plano fático. 2. Desdobramentos: 2.1 Licitação fracassada; 2.2 Licitação deserta; 2.3 Inexigibilidade de licitação; 2.3.1 Bens e serviços singulares: 2.3.1.1 Preferência de marca; padronização, inclusive no RDC; 2.3.2 Serviços técnicos; 2.3..3 Profissional do setor artístico; 2.3.4 Fundamentação; 2.4 Responsabilidade solidária; 2.5 Dispensa da licitação: 2.5.1 Breves comentários. Fundamentação. Licitação "dispensada"; 2.5.2) Licitação "dispensável".

1. Lógico, jurídico e fático

69. Celso Antônio Bandeira de Mello enuncia os seguintes *pressupostos da licitação*:[1]

1.1 No plano lógico

Deve haver *pluralidade de objetos e de ofertantes*. Assim, nesse plano, ocorrem problemas atinentes ao *objeto singular* e ao *único ofertante* (exclusivo); questão de *inexigibilidade* da licitação, devido à *inviabilidade lógica de competição*. Há *adjudicação direta* do objeto do contrato.

Quando há apenas *único objeto*, que atenda aos interesses da Administração; ou *único ofertante* do bem pretendido, então, não há como se realizar o certame. Ocorre a inexigibilidade (inviabilidade lógica) da licitação.

1. *Curso de Direito Administrativo*, 32ª ed., Malheiros Editores, 2015, pp. 556-557.

1.2 No plano jurídico

A licitação deve ser meio apto, eficaz, para atingir o interesse público; quando "nem mesmo em tese pode cumprir tal função, seria *descabido* realizá-la".[2]

Enquadram-se as *hipóteses legais* de dispensa e inexigibilidade de licitação (há *adjudicação direta* do objeto do contrato ao escolhido).

1.3 No plano fático

No caso concreto, é necessária existência (efetiva) de *interessados na disputa* (não tem sentido licitação para um parecer de famoso jurista; ninguém se prestaria a isso). Se não estiverem presentes esses pressupostos, a Administração procede à *adjudicação direta* do objeto ao interessado.

2. Desdobramentos

2.1 Licitação fracassada

70. A licitação pode tornar-se "fracassada": quando houver *inabilitação* (inidoneidade) de todos os proponentes, ou a *desclassificação* de todas as propostas.

Nesses casos, o art. 48, § 3º, do Estatuto, acrescido pela Lei 9.648, de 27.5.1998,[3] estabelece a possibilidade para a apresentação de novos documentos *escoimados dos vícios* que os maculava.

A nosso ver, o dispositivo impõe um dever à Administração, visando à *celeridade processual*; os concorrentes têm *direito subjetivo* à observância dessa regra, pelo Poder Público. Antes de qualquer medida mais enérgica, a Administração *deve* conceder prazo, para que os concorrentes possam apresentar os documentos, sem os vícios que os infirmava.

Se, depois da concessão do prazo, os concorrentes não escoimarem os vícios apontados, a Administração deve promover nova licitação; ou,

---

2. Idem, p. 551.
3. Art. 48,§ 3º: "Quando todos os licitantes forem inabilitados ou todas as propostas forem desclassificadas, a administração poderá fixar aos licitantes o prazo de oito dias úteis para a apresentação de nova documentação ou de outras propostas escoimadas das causas referidas neste artigo, facultada, no caso de convite, a redução deste prazo para três dias úteis" *(Incluído pela Lei 9.648, de 1998).*

se for o caso, dispensá-la, (a) quando as *propostas foram insatisfatórias* (atendidos os requisitos do art. 24, VII, do Estatuto); ou, (b) em situações de *emergência* (idem, do art. 24, IV, do Estatuto).

2.2 Licitação deserta

71. A licitação é considerada "deserta", quando não acudir ao certame qualquer proponente: deve haver nova licitação, ou, se não puder repeti-la, há contratação direta com terceiros, *nas mesmas condições da licitação deserta* (art. 24, V: dispensa). Com acerto, afirma Diógenes Gasparini, se não houver prejuízo à Administração, o procedimento deve ser *renovado*.[4]

2.3 Inexigibilidade de licitação

72. Existe *inexigibilidade de licitação* quando houver *inviabilidade lógica de competição*; há, pois, *contratação ou adjudicação direta* do objeto. A inexigibilidade ocorre em duas situações básicas:[5]

2.3.1 Bens e serviços singulares

(a) *bens singulares* (ou seja, individualidade sem equivalente). No exemplo de Diógenes Gasparini, as peças de reposição originais em equipamentos são singulares "na medida em que só elas propiciam maior durabilidade ao equipamento e segurança na sua utilização";[6]

(b) *serviços singulares* (detêm características técnicas, científicas, ou artísticas, indicativas de que sejam os mais adequados, apropriados, à Administração), que *exijam* a contratação de profissional de *notória especialização* (*infra*, n. 86).

73. Na legislação nacional, o art. 25 do Estatuto *exemplifica* hipóteses de *inexigibilidade*, em que é inviável a licitação:[7]

---

4. *Direito Administrativo*, 17ª ed., Saraiva, 2012, p. 528. Segundo o autor, o prejuízo tanto pode ser *financeiro como administrativo* (idem, ibidem).
5. Celso Antônio Bandeira de Mello, *Curso de Direito Administrativo*, 32ª ed., pp. 565 e ss..
6. *Direito Administrativo*, 17ª ed., p. 535. Já, o art. 24, XVII, do Estatuto, refere à licitação *dispensável* de peças de reposição, *durante o período de garantia técnica*.
7. No RDC, o art. 35, da Lei 12.462, estabelece: "As hipóteses de dispensa e inexigibilidade de licitação estabelecidas nos arts. 24 e 25 da Lei n. 8.666, de 21 de

Art. 25. É inexigível a licitação quando houver inviabilidade de competição, em especial:

I – para aquisição de materiais, equipamentos, ou gêneros que só possam ser fornecidos por produtor, empresa ou representante comercial exclusivo, vedada a preferência de marca, devendo a comprovação de exclusividade ser feita através de atestado fornecido pelo órgão de registro do comércio do local em que se realizaria a licitação ou a obra ou o serviço, pelo Sindicato, Federação ou Confederação Patronal, ou, ainda, pelas entidades equivalentes;

II – para a contratação de serviços técnicos enumerados no art. 13 desta Lei, de natureza singular, com profissionais ou empresas de notória especialização, vedada a inexigibilidade para serviços de publicidade e divulgação;

III – para contratação de profissional de qualquer setor artístico, diretamente ou através de empresário exclusivo, desde que consagrado pela crítica especializada ou pela opinião pública.

Cuida-se de *inviabilidade lógica* de licitação; mas o dispositivo *não é taxativo*; outras hipóteses concretas poderão ocorrer.

2.3.1.1 – Preferência de marca; padronização, inclusive no RDC

74. O primeiro caso de inexigibilidade (art. 25, I) refere à *aquisição* de materiais, equipamentos ou gêneros que só possa ser fornecido por produtor, empresa ou representante comercial *exclusivo, vedada a preferência de marca*.

Hely Lopes Meirelles,[8] especificamente quanto à *exclusividade*, faz a seguinte distinção: (1) se for *industrial*, ela é absoluta, pois deve ser único no país; (2) já, se *comercial* (vendedor ou representante), distinguem-se: na modalidade licitatória *convite*, deve ser o único na praça em que realizada a licitação (Administração interessada); na *tomada de preços*, único no registro cadastral; na *concorrência*, o único no país. Na *concorrência internacional*, ocorre a dispensa da licitação, se o produtor, vendedor ou representante comercial for *único na área do comércio exterior no Brasil*.[9]

---

junho de 1993, aplicam-se, no que couber, às contratações realizadas com base no RDC. Parágrafo único. O processo de contratação por dispensa ou inexigibilidade de licitação deverá seguir o procedimento previsto no art. 26 da Lei n. 8.666, de 21 de junho de 1993".

8. *Direito Administrativo Brasileiro*, 41ª ed., Malheiros Editores, 2015, p. 325.
9. Idem, rodapé 123.

75. A redação do inciso I do art. 25 *veda preferência de marca.* Quanto às compras, o § 7º do art. 15, I, do Estatuto, determina "a especificação completa do bem a ser adquirido, *sem indicação de marca*" (g.n.). Ademais, o art. 7º, § 5º, do Estatuto, *proíbe* realização de licitação cujo objeto inclua bens e serviços *sem similaridade ou de marca, características e especificações exclusivas.*

De outra parte, o mesmo dispositivo (art. 7º, § 5º), *ressalva* os "casos em que for *tecnicamente justificável ou ainda* quando o fornecimento de tais materiais e serviços for feito sob o regime de *administração contratada*,[10] previsto e discriminado no ato convocatório" (g.n.).

Noutro dizer, nessas hipóteses, ressalvadas no artigo, a Administração pode elaborar licitação inclusive *indicando a marca.* Cita-se o exemplo de Diógenes Gasparini, o motor que se deseja substituir em carro de *marca* (Fiat, Chevrolet etc.). Indaga o autor, "como não indicar no edital a marca do motor que se deseja substituir em carro de marca Fiat, modelo Uno Mille Eletronic?".[11] Neste caso, deve haver licitação, em princípio, se houver mais de uma concessionária que possa fornecer o produto.

76. Já, o art. 15, I, do Estatuto,[12] menciona a possibilidade de *padronização* nas *compras* da Administração Pública.

A Administração deve buscar *padrão*, modelo, nas compras, que possa atender especificações técnicas e de desempenho. Isso para evitar aquisições de bens diferentes, que dificultaria reposição de peças, manutenção de estoques etc., elevando as despesas do Estado. Seriam os casos de mesas para escritório, máquinas de calcular, computadores etc.

77. A *padronização* pode levar à *inexigibilidade*; é o caso, citado pelo referido autor,[13] da reposição de peças originais em veículos, desde que haja vantagens devidamente comprovadas pela Administração.

---

10. A *administração contratada*, na qual o contratado ingressa apenas com a direção dos serviços ou da obra, responsabilidade técnica, *know-how*, técnica da execução, e não suporta os riscos do empreendimento, os quais ficam para a Administração, *foi vetada pelo Presidente da República* (Maria Sylvia Zanella Di Pietro, *Direito Administrativo*, 25ª ed., Atlas, 2012, p. 341; Hely Lopes Meirelles, *Direito Administrativo Brasileiro*, 42ª ed., cit., p. 283).

11. *Direito Administrativo*, 17ª ed., p. 534.

12. "Art. 15. As compras, sempre que possível, deverão: (Regulamento) I – atender ao princípio da padronização, que imponha compatibilidade de especificações técnicas e de desempenho, observadas, quando for o caso, as condições de manutenção, assistência técnica e garantia oferecidas."

13. Diógenes Gasparini, *Direito Administrativo*, 17ª ed., p. 535. Ressalta, o autor, "as peças de reposição não são adquiridas em razão de um padrão, mas porque

Logo, em face dos dispositivos legais invocados, em que pese o teor literal do art. 25, I, quanto à *vedação de preferência de marca* na inexigibilidade, o fato é que, em casos devidamente *justificados, comprovados*, devido à necessidade de ordem técnica, a Administração pode dar preferência à marca; inclusive, poderá haver *inexigibilidade* de licitação, se houver apenas um interessado (*exclusividade*).[14]

78. De fato, ante a dicção dos arts. 7º, § 5º e 15, § 7º, I, do Estatuto, para a aquisição de bens e serviços com essas características, deve haver *justificativa e fundamentação*, isto é, *demonstração de interesse público*, por meio de processo administrativo anterior, pareceres, perícias etc.

De todo modo, instituído padrão,[15] dependerá de prévia licitação a obtenção do objeto; assim, no edital deve constar a marca, ou o modelo, do bem a ser adquirido; se for *único fornecedor* do bem padronizado, haverá *inexigibilidade*.

79. De acordo com a advertência de Márcio Cammarosano, se a necessidade da Administração puder ser atendida pela singela indicação do *modelo*, não se justifica a indicação da *marca*, pois implicaria na diminuição do universo dos licitantes.[16]

80. Há *dispensa de licitação* no caso de materiais de uso das Forças Armadas para manter a *padronização* requerida pela estrutura de apoio logístico (art. 24, XIX, do Estatuto).

80-A. A respeito, o art. 24, IX, da Lei 8.666/1993 refere à *dispensa de licitação* "quando houver possibilidade de comprometimento da segurança nacional, *nos casos estabelecidos em decreto do Presidente da República*, ouvido o Conselho de Defesa Nacional" (g.n.).

---

são singulares na medida em que só elas propiciam maior durabilidade ao equipamento e segurança na utilização" (idem, ibidem).

14. O art. 11 do Estatuto dispõe: "As *obras e serviços* destinados aos mesmos fins terão *projetos padronizados* por tipos, categorias ou classes, exceto quando o projeto-padrão não atender às condições peculiares do local ou às exigências específicas do empreendimento" (g.n.). No exemplo de Marçal Justen Filho, a Administração pode ter interesse de *padronizar projetos* para construção de casas populares; nestes casos, como adverte o autor, o Poder Público deverá licitar na modalidade *concurso* (*Comentários à Lei de Licitações e Contratos Administrativos*, 11ª ed., Dialética, 2005, p. 126).

15. Isso pode ocorrer na compra de equipamentos de informática, compras de material administrativo (mesas, cadeiras, sofás etc.).

16. "Artigos 5º a 7º da Lei n. 12.462, de 5 de Agosto de 2011", in Márcio Cammarosano, Augusto Neves dal Pozzo, e Rafael Valim (coords.), *Regime Diferenciado de Contratações Públicas, Aspectos Fundamentais*, 2ª ed., Belo Horizonte, Fórum, 2012, p. 36.

O Decreto [federal] 2.295, de 4.8.1997, estabelece dispensa de licitação nas compras e contratações de obras ou serviços quanto à aquisição de recursos bélicos navais, terrestres e aeroespaciais; à contratação de serviços técnicos especializados na área de projetos, pesquisas e desenvolvimento científico e tecnológico; à aquisição de equipamentos e contratação de serviços técnicos especializados para a área de inteligência (art. 1º, *caput*, I, II e III).

As dispensas *devem ser justificadas*, notadamente quanto ao preço e à escolha do fornecedor ou executante, cabendo sua ratificação ao titular da pasta ou órgão que tenha prerrogativa de Ministro de Estado (parágrafo único).

Ademais, deve haver indicação de que a *revelação* da localização, necessidade, características do objeto, especificação ou quantidade coloque em risco objetivos da segurança nacional (art. 1º, *caput*).

Nessa linha, o Decreto [federal] 8.135, de 4.11.2013, ao dispor sobre as comunicações de dados da Administração Pública Federal Direta, autárquica e fundacional.

Conforme o art. 1º, *caput*, essas atividades devem ser realizadas por redes de telecomunicações e serviços de tecnologia da informação fornecidos por *órgãos ou entidades da Administração Pública Federal, incluindo empresas públicas e sociedades de economia mista da União e suas subsidiárias*. O art. 2º *dispensa de licitação a contratação dessas entidades e órgãos*, com vistas à preservação da *segurança nacional* (art. 2º, *caput*).[17]

81. No RDC, a Lei 12.462, de 2011, estabelece, dentre as diretrizes de licitação e contratos, a *padronização do objeto da contratação*, quanto às especificações técnicas e de desempenho e, quando for o caso, às condições de manutenção, assistência técnica e de garantia oferecidas; e a *padronização dos instrumentos convocatórios e minutas de contratos* (art. 4º, I e II).

O art. 33 dessa lei refere ao *catálogo eletrônico de padronização* de *compras*, *serviços* e *obras*, sistema de gerenciamento centralizado, destinado a permitir a *padronização de itens* a serem adquiridos pela Administração.

---

17. Quanto às compras, contratações e desenvolvimento de produtos e de sistemas *de defesa*, ver a Lei 12.528, de 22.3.2012, cujos dispositivos foram regulamentados pelo Decreto 7.970, de 28.3.2013. Os arts. 3º e 4º, daquela legislação, contêm regras a respeito do *procedimento licitatório*.

Esse sistema pode ser utilizado em licitações cujo *critério de julgamento* seja a oferta de menor preço ou de maior desconto (parágrafo único do art. 33). Já, o Decreto 7.581 alude ao *catálogo eletrônico de padronização* nos arts. 109 e 110.

2.3.2 Serviços técnicos

82. O segundo caso de *inexigibilidade*, explícito no Estatuto, é a *contratação de serviços técnicos* (art. 25, II), observados os seguintes requisitos, *concomitantes*:

(a) serviços técnicos do art. 13 da lei;[18]

(b) de natureza singular (relevância, individualidade);

(c) os quais *exijam* contratação de profissional de *notória especialização* (art. 25, § 1º).[19]

No exemplo de Celso Antônio Bandeira de Mello,[20] o parecer de dado jurista, nos casos de maior complexidade, ou onerosidade, ao Poder Público, pode enquadrar-se na inexigibilidade de licitação; porém, para contratação de profissional de direito, a fim de atuar na *execução fiscal*, haveria necessidade de licitação (*exigível*), eis que essa espécie ou tipo de ação judicial, de regra, é comum, não exigindo técnica acurada.

83. Conforme se observa do texto normativo, a *contratação direta*, neste caso, demanda (a) *serviços técnicos* do art. 13; (b) de *natureza singular*, individualidade [não se trata de serviço técnico qualquer]; e (c) que exijam, devido à complexidade, à natureza do serviço, *notória especialização* do profissional.

---

18. "Art. 13. Para os fins desta Lei, consideram-se serviços técnicos profissionais especializados os trabalhos relativos a: I – estudos técnicos, planejamentos e projetos básicos ou executivos; II – pareceres, perícias e avaliações em geral; III – assessorias ou consultorias técnicas e auditorias financeiras ou tributárias; *(Redação dada pela Lei n. 8.883, de 1994)* IV – fiscalização, supervisão ou gerenciamento de obras ou serviços; V – patrocínio ou defesa de causas judiciais ou administrativas; VI – treinamento e aperfeiçoamento de pessoal; VII – restauração de obras de arte e bens de valor histórico; VIII –(*Vetado)(Incluído pela Lei n. 8.883, de 1994)*.

19. O art. 25, § 1º, define *profissional de notória especialização*: "§ 1º. Considera-se de notória especialização o profissional ou empresa cujo conceito no campo de sua especialidade, decorrente de desempenho anterior, estudos, experiências, publicações, organização, aparelhamento, equipe técnica, ou de outros requisitos relacionados com suas atividades, permita inferir que o seu trabalho é essencial e indiscutivelmente o mais adequado à plena satisfação do objeto do contrato".

20. *Curso de Direito Administrativo*, 32ª ed., p. 569.

Esses três requisitos devem estar presentes para que ocorra *inexigibilidade de serviços técnicos*.

De toda forma, se houver necessidade de licitação, para a contratação de serviços técnicos, deve-se dar preferência à modalidade licitatória "concurso", no qual se estipulam prêmios ou remuneração ao vencedor (art. 13, § 1º).

84. No entanto, o Estatuto veda *inexigibilidade* para serviços de *publicidade e divulgação* (assim, a *Lei 12.232, de 29.4.2010, estabelece normas gerais para licitação e contratação pela administração pública de serviços de publicidade prestados por intermédio de agências de propaganda; cuida-se de rito específico de licitação, mas com aplicação da Lei 8.666/1993 de forma complementar – art. 1º, § 2º. A respeito, ainda, a Lei 4.680, de 18.6.1965*).

2.3.3 Profissional do setor artístico

85. A derradeira hipótese de *inexigibilidade*, estampada no inciso III do art. 25 é a *contratação* de profissional de qualquer setor artístico, diretamente ou através de empresário exclusivo, *desde que consagrado pela crítica especializada ou pela opinião pública*.

Os excertos de Diógenes Gasparini[21] são interessantes; os critérios para revelar a *crítica especializada* e a *opinião pública*, segundo o autor, são os seguintes: (a) limite de *valor do convite*: do local do evento; (b) limite do *valor da tomada de preços*: regional; (c) limite do *valor da concorrência*: nacional.

Esses métodos, embora não estejam contemplados, diretamente, encontram guarida no *princípio da moralidade administrativa*, da *razoabilidade* e da análise *sistemática* dos dispositivos da Lei 8.666/1993 – quando trata das modalidades de licitação, especificamente em *face do valor do objeto* (convite, tomada de preços e concorrência).[22]

2.3.4 Fundamentação

86. O art. 26 do Estatuto exige *justificação* na *inexigibilidade* (igualmente, em algumas hipóteses de dispensa e no retardamento na execução do contrato), além de comunicação à *autoridade superior*.[23]

---

21. *Direito Administrativo*, 17ª ed., p. 609.

22. Adotam-se essas modalidades licitatórias, como regra, à medida do valor do objeto licitado (Seção III, Capítulo II, item IV: *As modalidades da Lei 8.666/1993*).

23. "Art. 26. As dispensas previstas nos §§ 2º e 4º do art. 17 e no inciso III e seguintes do art. 24, as situações de inexigibilidade referidas no art. 25, necessaria-

2.4 Responsabilidade solidária

87. Na hipótese de *superfaturamento*, há *responsabilidade solidária* entre o particular e o agente público, nos termos do art. 25, § 2º:

> Na hipótese deste artigo *[inexigibilidade]* e em qualquer dos casos de dispensa, se comprovado superfaturamento, respondem solidariamente pelo dano causado à Fazenda Pública o fornecedor ou o prestador de serviços e o agente público responsável, sem prejuízo de outras sanções legais cabíveis.

De acordo com nosso entendimento, não é caso de responsabilidade *objetiva*, devendo haver, portanto, *prova do dolo ou culpa*. Apenas a responsabilidade subjetiva atende, no regime democrático de Direito, à dignidade da pessoa humana (art. 1º, *caput*, III, da CF).

Essa forma de pensar tem pertinência também na *responsabilidade subjetiva* que se exige de *membro da comissão* para responder por seus atos (Seção III, Capítulo III, item IV: *Comissão licitatória*). Sem embargo da eventual *responsabilidade civil objetiva extracontratual do Estado*, na forma do art. 37, § 6º, da Constituição.[24]

2.5 Dispensa da licitação

2.5.1 Breves comentários. Fundamentação. Licitação dispensada

88. Diferente da inexigibilidade, na qual há inviabilidade lógica de competição, conforme vimos, na *dispensa*, a *lei* estabelece situações nas quais não há necessidade de a Administração Pública licitar; a *lei* elen-

---

mente justificadas, e o retardamento previsto no final do parágrafo único do art. 8º desta Lei deverão ser comunicados, dentro de 3 (três) dias, à autoridade superior, para ratificação e publicação na imprensa oficial, no prazo de 5 (cinco) dias, como condição para a eficácia dos atos. *(Redação dada pela Lei n. 11.107, de 2005)* Parágrafo único. O processo de dispensa, de inexigibilidade ou de retardamento, previsto neste artigo, será instruído, no que couber, com os seguintes elementos: I – caracterização da situação emergencial ou calamitosa que justifique a dispensa, quando for o caso; II – razão da escolha do fornecedor ou executante; III – justificativa do preço; IV – documento de aprovação dos projetos de pesquisa aos quais os bens serão alocados *(Incluído pela Lei n. 9.648, de 1998)".*

24. "Art. 37. (...). § 6º. As pessoas jurídicas de direito público e as de direito privado prestadoras de serviços públicos responderão pelos danos que seus agentes, nessa qualidade, causarem a terceiros, assegurado o direito de regresso contra o responsável nos casos de dolo ou culpa".

ca uns tantos casos de contratação direta do interessado (*adjudicação direta*).

Apesar disso, a Administração deve *exigir* do particular as formalidades necessárias à contratação, como adverte Oswaldo Aranha Bandeira de Mello:

Embora dispensada a licitação, nos casos acima focalizados *[licitação inútil, impossível ou inconveniente]*, não está desobrigado o *contratante* de atender aos requisitos legais para perfeição do acordo de vontades. Destarte, deve comprovar a sua *habilitação ou qualificação*, bem como *satisfazer outras formalidades*, acaso exigidas, nos termos de direito, para concorrer à licitação e à efetivação do contrato, e, então, se considera a compra, a execução da obra ou a prestação do serviço isentos da utilização do instituto da licitação.[25]

Assiste-lhe razão; os princípios da moralidade administrativa e o da eficiência (art. 37, *caput*, da CF, de acordo com a EC 19/1998) exigem da Administração a verificação plena de que o interessado detém condições para cumprir o contrato.

89. Sob *aspecto amplo*, a *dispensa* de licitação abrange duas hipóteses:

(1) *licitação dispensada*: refere às hipóteses determinas no art. 17 do Estatuto; isto é, a certos *casos* de *alienações* de bens da Administração. Nesses casos, ao que parece, a Administração *não deve* licitar.

Segundo o escólio de Carlos Pinto Coelho Motta, a licitação dispensada abrange outras situações, além daquelas mencionadas na Lei 8.666/1993, como a venda para o Banco do Brasil e Caixa Econômica Federal de participação acionária em instituições financeiras públicas (Lei 11.947/2004, art. 14) etc.[26]

90. Conforme o art. 26 e parágrafo único do Estatuto, as hipóteses abaixo discriminadas devem ser *justificadas e comunicadas* à autoridade superior, para *ratificação e publicação*:

(a) licitação *dispensada* (casos de *alienação, em geral, de bens*, art. 17);[27]

---

25. *Da Licitação*, Buschatsky, 1978, p. 50, g.n.

26. *Divulgação Institucional e Contratação de Serviços de Publicidade*, Fórum, 2010, p. 16, rodapé 8. Esse autor segue a doutrina que distingue licitação dispensada, dispensável e inexigibilidade; de acordo com ele, licitação dispensada refere a casos voltados para áreas específicas de interesse social (idem, ibidem).

27. Cf. art. 17, *caput*, incisos I e II e §§ 2º e 4º.

(b) licitação *dispensável* (art. 24, incisos III e ss.);

(c) *inexigibilidade* (art. 25);

(d) *retardamento imotivado da execução* de obra ou serviço, ou de suas parcelas (art. 8º, parágrafo único).

Assim, como se disse, os princípios da moralidade e da eficiência exigem que a escolha seja feita em interessado *idôneo*.

2.5.2 Licitação dispensável

91. Além da *licitação dispensada*, há a (2) *licitação dispensável*: são as diversas situações elencadas no art. 24 (ou em normas esparsas); há *opção* do Poder Público *para licitar ou não*, portanto, *discricionariedade administrativa*; avaliação do caso concreto, segundo critérios de *conveniência e oportunidade*.

Como regra básica, o art. 24 é *taxativo*; porque, no Direito brasileiro, há o d*ever inarredável de licitar*. Ademais, Estados e Municípios não podem estabelecer outras situações de dispensa de licitação, ressalvados casos especialíssimos, devidamente justificados, ante interesses *regionais ou locais*, respectivamente.[28]

91-A. As ordens de casos em que, *comumente*, a licitação é *dispensável*, estão nos incisos I e II, do art. 24, pois cuidam de *patamares de valor*: (a) nas *obras e serviços de engenharia de valor até 10% do valor--limite destinado ao convite* para obras e serviços de engenharia; (b) nos *outros serviços e compras de valor até 10% do valor-limite destinado ao convite* para compras e serviços que não sejam de engenharia.[29]

---

28. Foge do propósito deste trabalho destrinchar os casos de licitação *dispensável*. Deve-se advertir, porém, nem todos constituem *dispensa de licitação*; há, inclusive, *licitação proibida*, como no art. 24, IX; vale dizer, *veda-se* licitação quando houver *comprometimento da segurança nacional*, atendidas as condições do dispositivo. O arguto jurista Celso Antônio Bandeira de Mello enumera as situações de imperfeição da lei, quanto à confusão feita pelo legislador (*Curso de Direito Administrativo*, 32ª ed., p. 571, rodapé 26).

29. "Art. 24. É dispensável a licitação: I – para obras e serviços de engenharia de valor até 10% (dez por cento) do limite previsto na alínea 'a', do inciso I do artigo anterior, desde que não se refiram a parcelas de uma mesma obra ou serviço ou ainda para obras e serviços da mesma natureza e no mesmo local que possam ser realizadas conjunta e concomitantemente; *(Redação dada pela Lei n. 9.648, de 1998)* II – para outros serviços e compras de valor até 10% (dez por cento) do limite previsto na alínea 'a', do inciso II do artigo anterior e para alienações, nos casos previstos nesta Lei, desde que não se refiram a parcelas de um mesmo serviço, compra ou alienação de maior vulto que possa ser realizada de uma só vez *(Redação dada pela Lei n. 9.648, de 1998)*."

Esses percentuais [de 10%] serão de *20%* (vinte por cento) para compras, obras e serviços contratados por *consórcios públicos*, sociedades de economia mista e empresa pública [*estatais*: pessoas jurídicas de direito privado, integrantes da Administração indireta]; e por *autarquia* ou *fundação* qualificadas, na forma da lei, como *Agências Executivas (§ 1º, do art. 24, com redação da Lei 12.715, de 17.9.2012)*.[30]

92. As hipóteses de *dispensa e inexigibilidade*, estabelecidas no Estatuto (arts. 24 e 25 da Lei 8.666/1993) aplicam-se, no que couber, às contratações do RDC (art. 35 da Lei 12.462); inclusive, o procedimento do art. 26 do Estatuto (art. 35, parágrafo único da Lei 12.462). Ademais, o art. 37, do RDC, veda *contratação direta*, isto é, *sem licitação*, de determinadas pessoas.[31]

---

30. Quanto aos *consórcios públicos* e às *estatais* (Seção II, Capítulo I: *Órgãos e Entidades que Licitam*). Já, *Agências Executivas* são *autarquias ou fundações* (de direito público), *qualificadas* como tais, por ato do Chefe do Executivo, preenchidos os requisitos legais (na área federal: Lei 9.649, de 27.5.1998, arts. 51 e 52). Aliás, a Lei 10.683, de 28.5.2003, substituiu a Lei 9.649, de 1998; porém, os citados arts. 51 e 52, da Lei 9.649, *não foram revogados*, pois, a teor do art. 59, da Lei 10.633, só o foram os artigos com esta *incompatíveis* (Celso Antônio Bandeira de Mello, *Curso de Direito Administrativo*, 32ª ed., p. 186, rodapé 29).

31. "Art. 37. É vedada a contratação direta, sem licitação, de pessoa jurídica na qual haja administrador ou sócio com poder de direção que mantenha relação de parentesco, inclusive por afinidade, até o terceiro grau civil com: I – detentor de cargo em comissão ou função de confiança que atue na área responsável pela demanda ou contratação; e II – autoridade hierarquicamente superior no âmbito de cada órgão ou entidade da administração pública."

Seção III – O Procedimento Licitatório[1]

Capítulo 1
A Habilitação dos Concorrentes

1. Ordem geral: 1.1 Conceito de habilitação; 1.2 No convite; 1.3 Na tomada de preços; 1.4 Na concorrência; 1.5 No concurso; 1.6 No leilão. 2. Inabilitação superveniente: 2.1 Art. 43, § 5º; 2.2 Execução do contrato; 3. Desistência da proposta: 3.1 Limite temporal; 3.2 Consequências; 3.3 Justificativas; 4. Documentação: 4.1 Habilitação jurídica: licitação interna e internacional; 4.2 Regularidades fiscal e trabalhista. Críticas. O "pequeno empresário" (Lei Complementar 123/2006, com redação da LC 147, de 2014); 4.3 O art. 7º, XXXIII, da CF; 4.4 Qualificação técnica: genérica, específica, operativa, técnico-profissional. A metodologia de execução; 4.5 Qualificação econômico-financeira. 5. Outras questões: 5.1 Recursos administrativos; 5.2 Consórcios de empresas.

1. Ordem geral

93. Antes de verificarmos, propriamente, a *habilitação dos interessados*, convém trazermos *alguns* excertos a respeito das *fases da licitação*.

93-A. A licitação tem *rito específico*, determinado na Lei 8.666/1993; são *fases* do *procedimento licitatório*. De maneira geral, a doutrina costuma enunciar as seguintes.

(a) *Fase interna*, na qual a Administração verifica, em termos burocráticos, o objeto de seu interesse: elabora o projeto básico (e o executivo, se for o caso); e verifica a previsão orçamentária, e demais dados importantes, contidos na legislação (dentre outros: arts. 7º e 14; art. 9º; art. 38, todos do Estatuto).

---

1. Deixamos de lado a discussão quanto ao discrime *processo* e *procedimento*

(b) Fase *externa*, a qual é deflagrada mediante *divulgação do instrumento convocatório* (edital, ou convite); em seguida, vem a *habilitação* dos concorrentes; após, tem início a *análise das propostas* – dos concorrentes, anteriormente, *habilitados* –, procedendo-se à *classificação* (ordenação das *propostas* em vista das vantagens oferecidas);[2] superadas essas fases, há a *homologação* do certame; a final, ocorre a *adjudicação* do objeto ao vencedor.

93-B. Essas fases procedimentais estão referidas no art. 43 do Estatuto; porém, dependendo da espécie, ou modalidade, de licitação, *nem sempre todas elas serão observadas*. Basta verificar, o § 1º, do art. 32, estabelece quais documentos comprobatórios da *habilitação poderão* ser *dispensados, total ou parcialmente*, no leilão, no concurso, no convite e no fornecimento de bens para pronta entrega.

Aliás, no caso do pregão (Lei 10.520/2002)[3] – e igualmente no RDC (Lei 12.462/2011) –, a classificação das propostas *antecede* a habilitação, ao contrário do procedimento da Lei 8.666/1993.

93-C. Como a licitação é um *procedimento administrativo*, as decisões proferidas nele são recorríveis, mediante: (a) *recurso hierárquico*; (b) *representação*, quando não couber aquele; e (c) *pedido de reconsideração*.

Os *efeitos* dos *recursos* (*hierárquico* ou *administrativo*) interpostos das decisões proferidas na *fase da habilitação*, ou daquelas prolatadas na *fase de julgamento das propostas*, são *devolutivo* e *suspensivo*; assim, o procedimento fica suspenso até julgamento final da irresignação.

Noutras hipóteses, a autoridade *poderá conferir efeito suspensivo, motivadamente, por razões de interesse público*. Tudo conforme o art. 109, *caput* e § 2º do Estatuto.[4]

2. Até aqui, *como regra*, a licitação é analisada por uma *comissão* (colegiado). Já, a homologação e a adjudicação, fases posteriores, são procedidas por autoridade diversa da comissão.

3. Ademais, no pregão, a adjudicação ao vencedor é *anterior* à homologação (art. 4º, XXI e XXII, da Lei 10.520, de 17.7.2002).

4. "Art. 109. Dos atos da Administração decorrentes da aplicação desta Lei cabem: I – recurso, no prazo de 5 (cinco) dias úteis a contar da intimação do ato ou da lavratura da ata, nos casos de: a) habilitação ou inabilitação do licitante; b) julgamento das propostas; c) anulação ou revogação da licitação; d) indeferimento do pedido de inscrição em registro cadastral, sua alteração ou cancelamento; e) rescisão do contrato, a que se refere o inciso I do art. 79 desta Lei; *(Redação dada pela Lei n. 8.883, de 1994)* f) aplicação das penas de advertência, suspensão temporária ou de multa; II – representação, no prazo de 5 (cinco) dias úteis da intimação da decisão relacionada com o objeto da licitação ou do contrato, de que não caiba recurso

Além disso, conforme o § 4º, do citado artigo, o recurso será dirigido à autoridade superior, por intermédio *da que praticou o ato recorrido*, a qual poderá *reconsiderar sua decisão*, no prazo de 5 (cinco) dias úteis, ou, nesse mesmo prazo, fazê-lo subir, devidamente informado, devendo, neste caso, a decisão ser proferida dentro do prazo de 5 (cinco) dias úteis, contado do recebimento do recurso, sob pena de responsabilidade.

1.1 Conceito de habilitação

94. A *habilitação, qualificação, aptidão, idoneidade* é a fase do procedimento na qual há apresentação de documentos (*documentação*) quanto à *qualidade*, ou *capacidade, subjetiva* dos concorrentes; verificam-se as condições apropriadas das *pessoas* que concorrem ao certame. Assim, não se trata da análise das *propostas*; mas das *reais condições dos interessados*.

94-A. O art. 27 do Estatuto enumera a *documentação* (habilitação) que os interessados devem apresentar ao órgão público.[5] O rol constante no dispositivo é *taxativo* [veja-se a expressão legal: "exclusivamente"] – assim, Estados e Municípios não podem legislar, acrescentando outros fatores referentes à habilitação. Compete ao *Congresso Nacional* (Poder Legislativo Federal), estabelecer, *por leis*, os *requisitos da habilitação* dos concorrentes. Por isso mesmo, a Administração não pode fazer exigências que não estejam contempladas em leis da União.

O art. 32, § 1º, permite a Administração dispensar *documentação*, total, ou parcial, nas hipóteses de *convite, concurso, fornecimento de bens para pronta entrega* e *leilão*. Nesses casos, a rigor, *pode* não ser necessária a qualificação [parcial ou total] dos concorrentes; contudo, depende do caso concreto, considerando-se as necessidades da Administração Pública.

---

hierárquico; III – pedido de reconsideração, de decisão de Ministro de Estado, ou Secretário Estadual ou Municipal, conforme o caso, na hipótese do § 4º do art. 87 desta Lei, no prazo de 10 (dez) dias úteis da intimação do ato. § 1º. (*omissis*). § 2º. O recurso previsto nas alíneas 'a' e 'b' do inciso I deste artigo terá efeito suspensivo, podendo a autoridade competente, motivadamente e presentes razões de interesse público, atribuir ao recurso interposto eficácia suspensiva aos demais recursos."

5. "Art. 27. Para a habilitação nas licitações exigir-se-á dos interessados, exclusivamente, documentação relativa a: I – habilitação jurídica; II – qualificação técnica; III – qualificação econômico-financeira; IV – regularidade fiscal e trabalhista; *(Redação dada pela Lei n. 12.440, de 2011)* (*Vigência*) V – cumprimento do disposto no inciso XXXIII do art. 7º da Constituição Federal *(Incluído pela Lei n. 9.854, de 1999)*."

De toda forma, deve haver a *regularidade fiscal com a Previdência Social*, conforme determina o art. 195, § 3º, da Constituição.[6]

1.2 No convite

95. No caso de *convite*, a habilitação é *presumida*, porque a Administração convida, convoca, por escrito, os candidatos para participar da licitação (cf. art. 22, § 3º); há presunção (sempre relativa) de que o Poder Público convidou apenas os qualificados para participarem do certame.

1.3 Na tomada de preços

96. Na *tomada de preços*, os interessados devem estar *cadastrados* (*cadastro de habilitação*) nas repartições específicas, que existem para esse fim [de qualificação].

Somente os (a) cadastrados nos *registros cadastrais* (art. 34 e ss.) podem participar da tomada de preços; ou, (b) os que requeiram a inscrição [nos registros cadastrais] *até o terceiro dia anterior à data fixada para o recebimento das propostas* (numa dada licitação), e sejam, destarte, qualificados (art. 22, § 2º).[7]

1.4 Na concorrência

97. Já, na *concorrência*, a qualificação é realizada no bojo de *dada licitação*; trata-se de habilitação para uma licitação e ocorre *após* a abertura do procedimento (art. 22, § 1º).

Entretanto, de acordo com o art. 18 do Estatuto, na *concorrência para venda de bens imóveis*, a fase de *habilitação* limitar-se-á à comprovação de recolhimento de 5% do valor da avaliação.

---

6. Dispõe: "A pessoa jurídica em débito com o sistema da seguridade social, como estabelecido em lei, não poderá contratar com o Poder Público nem dele receber benefícios ou incentivos fiscais ou creditícios". Conforme se observa, a norma constitucional tem destinatários *pessoas jurídicas*. Já, o art. 27 do Estatuto exige regularidade fiscal de pessoa física e jurídica.

7. Os cadastrados recebem *certificados cadastrais, que substituem* os documentos da habilitação, *quanto às informações disponibilizadas em sistema informatizado de consulta direta indicado no edital* (art. 32, § 2º, com redação da Lei 9.648, de 27.5.1998). A documentação da qualificação poderá ser substituída por registro cadastral emitido por órgão ou entidade pública, *desde que previsto no edital*, e o registro tenha sido feito em obediência ao disposto na Lei 8.666/1993 (art. 32, § 3º).

Marçal Justen Filho entende inconstitucional a exigência, pois, ao determinar o dever de depósito em dinheiro (capacidade econômica), retiraria a *competitividade*.[8]

98. Talvez a solução para obviar essa situação seja a seguinte. Após o término do certame, o valor depositado deve ser *devolvido aos participantes* que não venceram o certame, sob pena de *locupletamento ilícito do Estado*.

O *enriquecimento ilícito* [do Estado] é vedado pelo ordenamento – cuida-se de *princípio geral de Direito*; deve-se, segundo Jacintho de Arruda Câmara, "transferir o acréscimo auferido de um patrimônio (do de quem se beneficiou) a um outro (que provocou o benefício sem compensação correspondente)".[9]

Logo, o depósito deve ser devolvido ao participante. Quanto ao *vencedor*, o depósito efetuado deve ser *abatido do valor pago pelo bem*.

1.5 No concurso

99. No *concurso*, ao contrário, a qualificação é *facultativa*, segundo *critérios e circunstâncias* sopesadas pela Administração. Já, o art. 13, § 1º, do Estatuto, estipula regra segundo a qual a Administração, ao realizar licitação para contratar serviços técnicos profissionais especializados [arrolados no art. 13, *caput*], deve, preferencialmente, realizar o *concurso*.

1.6 No leilão

100. Finalmente, no *leilão*, a qualificação é, em princípio, *desnecessária*; trata-se de espécie de licitação na qual há *alienação, como regra, de bens de entrega imediata e pagamento à vista* [em valor nunca inferior ao da avaliação], salvo as hipóteses de *privatização de empresas* (Plano Nacional de Desestatização).[10]

O eminente jurista Celso Antônio Bandeira de Mello adverte para o fato de que, no momento da *contratação*, quando menos, é obrigatória

---

8. *Comentários à Lei de Licitações e Contratos Administrativos*, 11ª ed., Dialética, 2005, p. 184.

9. *Obrigações do Estado Derivadas de Contratos Inválidos*, Malheiros Editores, 1999, pp. 133-134.

10. Hely Lopes Meirelles, *Direito Administrativo Brasileiro*, 41ª ed., Malheiros Editores, 2015, p. 387.

comprovação da *regularidade perante o sistema de seguridade social* (art. 195, § 3º, CF). *Mesmo no leilão*, diz o autor.[11]

2. Inabilitação superveniente

2.1 Art. 43, § 5º

101. O art. 43, § 5º, do Estatuto, refere à preclusão processual da *habilitação dos concorrentes*, bem como à *inidoneidade [inabilitação] superveniente.* Dispõe:

> § 5º. Ultrapassada a fase de habilitação dos concorrentes (incisos I e II) e abertas as propostas (inciso III), não cabe desclassificá-los por motivo relacionado com a habilitação, salvo em razão de fatos supervenientes ou só conhecidos após o julgamento.

Em princípio, a *fase de habilitação* considera-se ultrapassada, quando não comportar mais recurso administrativo, se interposto. A partir daí, descabe *desqualificar* licitante. Isso porque, sendo a licitação um procedimento administrativo, as questões decididas em cada uma de suas fases não podem ser rediscutidas. Exceto, a nosso ver, quando houver vício que possa invalidar o certame, de forma inarredável, quando, então, a Administração tem *dever jurídico de invalidá-lo* (total ou parcialmente).

102. O citado artigo, por equívoco, ao referir à *habilitação*, menciona a expressão *desclassificação* dos *concorrentes.* Porém, *desclassificam-se somente propostas; concorrentes* podem ser habilitados, qualificados, idôneos; ou *inidôneos, desqualificados, inabilitados.*

Não se fala em *desclassificação dos concorrentes*, pois o termo desclassificação é usado para rejeição das *propostas que não atenderem aos requisitos do edital.* Assim, a expressão peca por falta de técnica legislativa.

103. Feitos esses esclarecimentos, a *preclusão*, referida na norma [ultrapassa a fase de habilitação, não cabe desclassificação da habilitação], justifica-se, porque licitação é procedimento administrativo, no qual as respectivas fases devem ser observadas, por conta do princípio do *devido processo legal.*

104. Entretanto, a norma excepciona duas ordens de casos, nos quais a Administração poderá *desqualificar o concorrente, mesmo após*

---

11. *Curso de Direito Administrativo*, 32ª ed., Malheiros Editores, 2015, p. 610, rodapé 50.

o término da fase da qualificação: por *fatos supervenientes, ou conhecidos somente após o julgamento*.

O exemplo clássico da doutrina é a existência posterior de dívidas, ou execuções fiscais, não garantidas, as quais infirmam a *regularidade fiscal*; ou essas mesmas situações conhecidas, pela Administração, após o julgamento [da licitação]. Nessas hipóteses, *mesmo depois de superada a fase da habilitação*, o Poder Público poderá (deverá) *desqualificar* o candidato.

2.2 Execução do contrato

105. A nosso ver, *durante a execução do contrato*, o contratado (particular) deve manter a *qualificação*. Se esta é exigida para o concorrente participar da licitação, *com maior razão* deverá sê-lo *durante a execução do contrato*.

A *inidoneidade* conduz (ou poderá conduzir) ao não cumprimento do contrato, causando danos à Administração Pública. E esse risco o Poder Público não pode correr! Os princípios da *moralidade e da eficiência* (art. 37, *caput*, da CF) impedem entendimento diverso.

Trata-se do argumento tradicional *a minori ad maius*;[12] se a lei exige idoneidade do interessado, para participar da licitação, *com maior razão*, durante a execução do contrato deverá ser exigida, devido aos riscos que a inidoneidade pode propiciar.

105-A. Aliás, o art. 55 do Estatuto, ao arrolar as *cláusulas necessárias* [mínimas] em todos os contratos administrativos, assinala a seguinte (inc. XIII): "a obrigação do contratado de manter, *durante toda a execução do contrato*, em *compatibilidade* com as obrigações por ele assumidas, todas as *condições de habilitação e qualificação* exigidas na licitação".

Conforme se observa da norma, a qualificação, durante a execução do contrato, deve ser *proporcional às obrigações* assumidas pelo contratado. Significa dizer: à medida das obrigações *a serem cumpridas, adimplidas*.

---

12. O argumento *a minori ad maius* "consiste em passar da validade de uma disposição normativa menos extensa para outra mais ampla"; no exemplo de Ihering, "se se proíbe transporte de cães, com mais razão está proibido o transporte de ursos" (Heraldo Garcia Vitta, *Aspectos da Teoria Geral no Direito Administrativo*, Malheiros Editores, 2001, p. 145, com citação de Maria Helena Diniz, *Compêndio de Introdução à Ciência do Direito*, 8ª ed., São Paulo, Saraiva, 1995, p. 416).

Assim, tendo sido executada parte do contrato, a qualificação exigida só pode ser aquela *compatível com o restante das obrigações a serem adimplidas*.

3. Desistência da proposta

3.1 Limite temporal

106. O art. 43, § 6º, do Estatuto, estabelece prazo para a *desistência da proposta*: "*após a fase de habilitação, não cabe desistência de proposta...*". Logo, esgotada a fase de qualificação dos candidatos, estes não podem mais *desistir das propostas*.

3.2 Consequências

107. No entanto, se o *vencedor* do certame, *injustificadamente*, recusar-se a assinar o contrato, ou a retirar o instrumento equivalente, estará sujeito a sanções.

107-A. A Administração não tem como coagir o particular a continuar na disputa; ou a travar o contrato. *Não há executoriedade*, na qual o contratante poderia constranger, diretamente, o particular, a cumprir a obrigação. Dessa forma, o que pode haver é imposição de penalidades administrativas, e ressarcimento dos prejuízos causados à Administração Pública.[13]

3.3 Justificativas

108. O art. 43, § 6º, estabelece exceção: a *desistência da proposta* só poderá ocorrer *depois da fase da habilitação*, se houver "*motivo justo decorrente de fato superveniente e aceito pela Comissão*".

---

13. Como regra básica, as *penalidades administrativas* da Lei 8.666/1993 aplicam-se no RDC, conforme o art. 46, § 2º, da Lei 12.462/2011. Contudo, o prazo de *suspensão do direito de licitar ou contratar* com a Administração, *dilatado para cinco anos (art. 47 da Lei 12.462/2011)*, retira a possibilidade de o interessado participar da licitação destinada aos eventos referidos na lei (Copa do Mundo, 2014, e Olimpíada, 2016), como notou Alexandre Mazza ("Aspectos atinentes aos pedidos de esclarecimento, impugnações, recursos administrativos e sanções administrativas no regime diferenciado de contratações públicas", em Márcio Cammarosano, Augusto Neves Dal Pozzo e Rafael Valim (coords.), *Regime Diferenciado de Contratações Públicas, Aspectos Fundamentais*, 2ª ed., Fórum, 2012). *Para esses eventos*, o prazo de cinco anos tem o perfil de *inabilitação, penalidade mais grave*. Trata-se de norma irrazoável, com *desvio de finalidade*, pois a *suspensão* leva à *inabilitação*, propriamente.

(a) *Motivo justo* é *conceito jurídico indeterminado*, vago, impreciso. Remanesce, pois, *discricionariedade* [ou interpretação, para parte da doutrina] da comissão para verificar se esse requisito ocorreu, efetivamente.

A *prova* do *motivo justo* fica, em princípio, a cargo *do concorrente* (*ônus da prova*). Quem alega prova.

(b) Ademais, o *motivo justo* deve decorrer *de fato superveniente*. Contudo, a nosso ver, aplica-se o dispositivo, ainda quando o fato seja *anterior* à instauração do certame, ou à habilitação, e só tornou-se *conhecido*, pelo *concorrente/interessado*, depois dessas fases. Ou, então, certo o fato, anterior, porém, as consequências, supervenientes, não tinham como ser *previstas* pelo interessado (*princípio da boa-fé*).

O particular deve *demonstrar* à comissão que já não detém condições para honrar os compromissos que seriam assumidos, se acaso aceitasse o contrato.

(c) A exigência de que a *comissão aceite* a alegação de *motivo justo e superveniente*, para desobrigar o concorrente, interessado, parece óbvia; porém, se a comissão não a aceitar, aquele poderá ingressar com *ação judicial* (art. 5º, XXXV, da CF), para provar a presença dos requisitos estabelecidos na norma.

109. Feitos esses apontamentos quanto à *qualificação* dos concorrentes, passar-se-á à análise sucinta dos *documentos necessários* que devem ser apresentados pelos licitantes. Trata-se da fase denominada *documentação*.

4. Documentação

4.1 Habilitação jurídica: licitação interna e internacional

110. O art. 27, I, exige a *habilitação jurídica* dos concorrentes; já, o art. 28 arrola os documentos necessários para a configuração dela:

> Art. 28. A documentação relativa à habilitação jurídica, conforme o caso, consistirá em:
>
> I – cédula de identidade;
>
> II – registro comercial, no caso de empresa individual;
>
> III – ato constitutivo, estatuto ou contrato social em vigor, devidamente registrado, em se tratando de sociedades comerciais, e, no caso de sociedades por ações, acompanhado de documentos de eleição de seus administradores;

IV – inscrição do ato constitutivo, no caso de sociedades civis, acompanhada de prova de diretoria em exercício;

V – decreto de autorização, em se tratando de empresa ou sociedade estrangeira em funcionamento no País, e ato de registro ou autorização para funcionamento expedido pelo órgão competente, quando a atividade assim o exigir.

Nesse momento, o licitante deve demonstrar à comissão a sua qualificação jurídica, nos termos do ordenamento (estatuto, contrato social, registrado na Junta Comercial etc.).[14]

110-A. Quanto às *empresas estrangeiras, dependem de decreto* de autorização, para poderem *funcionar no país*, exigência descrita nos arts. 1.134 e seguintes do Código Civil Brasileiro (Lei 10.406, de 10.1.2002): Dispõe o art. 1.134, *caput*:

A sociedade estrangeira, qualquer que seja o seu objeto, não pode, sem autorização do Poder Executivo, funcionar no país, ainda que por estabelecimentos subordinados, podendo, todavia, ressalvados os casos expressos em lei, ser acionista de sociedade brasileira.[15]

A sociedade estrangeira, mesmo autorizada, por ato do Executivo, não pode *iniciar suas atividades* antes da *inscrição* no registro próprio do lugar em que se deva estabelecer (art. 1.136, *caput*), e será feita por termo e *livro especial para as sociedades estrangeiras* (§ 2º); após a *au-*

---

14. A respeito da discussão doutrinária acerca da participação de *cooperativas em licitações*, ver a resenha de Márcio dos Santos Barros, *Comentários sobre Licitações e Contratos Administrativos*, 2ª ed., NDJ, 2011, pp. 61 e 273 e ss. De todo modo, afirma esse autor: "O assunto ainda merece maior aprofundamento, inclusive pelas Cortes de Contas, que não adotam posição pacificada. O que parece, entretanto, não poder ser olvidado da análise da questão é o fato de que a Constituição estabelece, entre os princípios gerais da atividade econômica, que a lei apoiará e estimulará o cooperativismo e outras formas de associativismo (art. 174, § 2º). Ora, haveria desestímulo se estabelecida a impossibilidade da participação das cooperativas nas licitações realizadas pelo Poder Público, donde inaceitável essa premissa" (idem, p. 275).

15. O Decreto 5.664, de 10.1.2006, *delegou* competência ao Ministro de Estado do Desenvolvimento, Indústria e Comércio Exterior, para decidir e praticar os atos de autorização de funcionamento no Brasil de sociedade estrangeira, inclusive para aprovação de modificação no contrato ou no estatuto, sua nacionalização e a cassação de autorização de seu funcionamento, permitida a subdelegação (art. 1º, *caput*). Quando a atividade a ser exercida pela sociedade estrangeira *envolver produtos controlados pelo Exército*, relacionados no Regulamento aprovado pelo Decreto 3.665, de 20.11.2000, a autorização deverá ser *precedida de anuência do Comando do Exército* (parágrafo único).

torização, fica sujeita *às leis e aos tribunais brasileiros*, quanto aos atos ou operações *praticados no Brasil* (art. 1.137, *caput*). Ela deve manter, de forma permanente, *representante no Brasil*, com poderes para resolver quaisquer questões e receber citação judicial pela sociedade; mas, o representante só pode agir *perante terceiros depois de arquivado e averbado* o instrumento de sua nomeação (art. 1.138 e parágrafo único).

110-B. A nosso ver, embora já autorizada pelo Executivo, para funcionar no país, a empresa estrangeira, cujos documentos não *estejam regularizados no registro próprio [cartório extrajudicial], não pode* participar de licitações; veda-o o princípio da *moralidade administrativa* (art. 37, *caput*, da CF).

Isso porque, a Administração, a qual deve zelar pelo *interesse público* e agir com probidade, não pode admitir participar de licitação empresa estrangeira, cujos registros não estejam de acordo com as leis brasileiras. Tanto isso é verdade, o art. 28, III e IV, da Lei 8.666, exige, à habilitação jurídica em geral, o *registro, a inscrição,* do ato constitutivo da sociedade comercial e das sociedades civis.

Para ratificar esse entendimento, a parte final do art. 28, V, da Lei 8.666, que cuida da *habilitação jurídica* da empresa ou sociedade *estrangeira em funcionamento no país*, a par de exigir o decreto de autorização [para funcionar no país], refere ao "ato de registro ou autorização para funcionamento expedido pelo órgão competente, quando a atividade assim o exigir".

110-C. Pois bem. A licitação pode ser *interna ou internacional*, de acordo com os interesses da Administração. No primeiro caso, só podem participar empresas nacionais, isoladamente, ou em consórcio com empresas brasileiras, ou empresas *estrangeiras em funcionamento no país* (art. 28, V);[16] e, *neste caso, cujos atos estejam devidamente inscritos no cartório competente.*

Já, *licitação internacional* é aquela [também] aberta à participação de empresas *estrangeiras*, inclusive *que não estejam em funcionamento no país*.[17]

Estabelece o art. 32, § 4º:

---

16. Nesse sentido, Celso Antônio Bandeira de Mello, *Curso de Direito Administrativo*, 32ª ed., pp. 591-592. Ainda: sobre licitações internacionais: arts. 32, §§ 4º e 6º; 42 e §§, da Lei 8.666/1993.

17. Também nessa linha, Celso Antônio Bandeira de Mello, ob. e loc. cits.

As *empresas estrangeiras que não funcionem no País*, tanto quanto possível, atenderão, nas *licitações internacionais [as únicas que elas podem participar]*, às exigências dos *parágrafos anteriores [exigências formais quanto aos documentos necessários à habilitação em geral]* mediante documentos equivalentes, autenticados pelos respectivos consulados e traduzidos por tradutor juramentado, devendo ter representação legal no Brasil com poderes expressos para receber citação e responder administrativa ou judicialmente.

Logo, empresas estrangeiras, quando não funcionem no país, para poderem participar de licitações [internacionais], devem apresentar os documentos necessários à habilitação (ou documentos equivalentes àqueles exigidos na Lei 8.666) em original, por qualquer processo de cópia autenticada por cartório competente ou por servidor da Administração ou por publicação em órgão da imprensa oficial (art. 32, *caput*), os quais devem ser *autenticados e traduzidos* (art. 32, § 4º).[18]

No caso de *consórcio*, cuja composição for de empresas *brasileiras e estrangeiras*, a liderança caberá, necessariamente, àquelas (art. 33, § 1º); com ressalva às hipóteses do art. 32, § 6º, cuja liderança poderá ser de *empresa estrangeira*.[19]

4.2 Regularidades fiscal e trabalhista. Críticas.
O *"pequeno empresário"* (Lei Complementar 123/2006, com redação da LC 147, de 2014)

111. Quanto à *regularidade fiscal* (arts. 27, IV, e 29) destacamos, pela importância prática, a exigência de *regularidade com a Fazenda Pública* (art. 29, III), com a *Seguridade Social* e com o *Fundo de Garantia por Tempo de Serviço* – FGTS (inciso IV).[20]

---

18. Com ressalvas do art. 32, § 6º: "O disposto no § 4º deste artigo, no § 1º do art. 33 e no § 2º do art. 55 *[cláusula necessária em contratos administrativos]* não se aplica às licitações internacionais para a aquisição de bens e serviços cujo pagamento seja feito com o produto de financiamento concedido por organismo internacional de que o Brasil faça parte ou por agência estrangeira de cooperação, nem nos casos de contratação com empresa estrangeira, para a compra de equipamentos fabricados e entregues no exterior, desde que para este caso tenha havido prévia autorização do Chefe do Poder Executivo, nem nos casos de aquisição de bens e serviços realizada por unidades administrativas com sede no exterior".

19. Quanto aos *consórcios*: Lei 8.666, art. 33; no RDC, art. 14, parágrafo único, da Lei 12.462, e art. 51, do Decreto 7.581.

20. No âmbito *federal*, o Decreto 6.106, de 30.4.2007, dispõe sobre a prova de regularidade fiscal perante a Fazenda Nacional. Quanto à *regularidade municipal*, a

De fato, a lei *não exige a quitação* do débito; pois, pode haver discussão *judicial*, por meio de embargos à execução fiscal, portanto, com penhora efetivada (garantia da dívida); ou concessão de liminar em mandado de segurança, ou tutela antecipada, noutra espécie de ação, em que se discutem o débito. Caso contrário, haveria *ofensa ao monopólio da jurisdição* (art. 5º, XXXV, da CF) e ao devido processo legal. Nessas hipóteses, pode-se dizer que o concorrente tem a regularidade fiscal.

112. Ademais, a Lei 12.440, de 7.7.2011, *instituiu* a *Certidão Negativa de Débitos Trabalhistas* (CNDT); essa legislação acresceu o art. 642-A, na Consolidação das Leis Trabalhistas, nos seguintes termos:

Art. 642-A. É instituída a Certidão Negativa de Débitos Trabalhistas (CNDT), expedida gratuita e eletronicamente, para comprovar a inexistência de débitos inadimplidos perante a Justiça do Trabalho.

§ 1º. O interessado não obterá a certidão quando em seu nome constar:

I – o inadimplemento de obrigações estabelecidas em sentença condenatória transitada em julgado proferida pela Justiça do Trabalho ou em acordos judiciais trabalhistas, inclusive no concernente aos recolhimentos previdenciários, a honorários, a custas, a emolumentos ou a recolhimentos determinados em lei; ou

II – o inadimplemento de obrigações decorrentes de execução de acordos firmados perante o Ministério Público do Trabalho ou Comissão de Conciliação Prévia.

§ 2º. Verificada a existência de débitos garantidos por penhora suficiente ou com exigibilidade suspensa, será expedida Certidão Positiva de Débitos Trabalhistas em nome do interessado com os mesmos efeitos da CNDT.

§ 3º. A CNDT certificará a empresa em relação a todos os seus estabelecimentos, agências e filiais.

§ 4º. O prazo de validade da CNDT é de 180 (cento e oitenta) dias, contado da data de sua emissão.

Assim, exige-se do interessado as *regularidades fiscal e trabalhista* (arts. 27, VI, e 29, V, da Lei 8.666/1993, com redação da Lei 12.440).

113. Eventuais débitos do licitante com a Fazenda, quando *inexpressivos*, em face do patrimônio e dos recursos financeiros disponíveis do licitante, *não impedem a habilitação na licitação*.

exigência abrange somente o domicílio ou sede do licitante (nesse sentido: Diógenes Gasparini, *Direito Administrativo*, 17ª ed., Saraiva, 2012, p. 672).

Caso contrário, haveria *desvio de poder*, devido à exigência de pagamento de débitos ao erário por vias transversas; e falta de *razoabilidade e proporcionalidade*, ante a exigência do pagamento por meio *mais oneroso* ao particular.

Ademais, exigência dessa ordem ofenderia o *livre exercício do trabalho*, o qual tem guarida constitucional (art. 5º, XIII, da CF). Finalmente, o próprio art. 37, XXI, do Texto Constitucional, refere às exigências *indispensáveis à garantia do cumprimento das obrigações*.

Nesse sentido, o bem elaborado parecer de Celso Antônio Bandeira de Mello, especificamente quanto aos débitos tributários[21] [extensivo, a nosso ver, aos débitos do FGTS].[22]

114. Quanto à *microempresa ou empresa de pequeno porte*, o art. 42 da Lei Complementar 123/2006, com redação da LC 147, de 2014, exige regularidade fiscal apenas *antes da contratação*. Confira-se:

> Art. 42. Nas licitações públicas, a comprovação de regularidade fiscal das microempresas e empresas de pequeno porte somente será exigida para efeito de assinatura do contrato.
>
> Art. 43. As microempresas e empresas de pequeno porte, por ocasião da participação em certames licitatórios, deverão apresentar toda a documentação exigida para efeito de comprovação de regularidade fiscal, mesmo que esta apresente alguma restrição.
>
> § 1º. Havendo alguma restrição na comprovação da regularidade fiscal, será assegurado o prazo de 5 (cinco) dias úteis, cujo termo inicial corresponderá ao momento em que o proponente for declarado o vencedor do certame, prorrogável por igual período, a critério da administração pública,

---

21. "Licitação – Inabilitação indevida sob alegação de débitos fiscais inexpressivos", *RTDP* 53/133 e ss.

22. Nos autos de Agravo Legal em Apelação Cível 0005538-24.2001.4.03.6105-SP (Ação de Mandado de Segurança), do qual fui relator, como juiz convocado, o Tribunal Regional Federal da 3ª Região, por unanimidade, acolheu entendimento segundo o qual, apesar de não *ter havido a suspensão da exigibilidade do crédito tributário*, o contribuinte tem direito à certidão negativa de débito tributário, ou positiva com os mesmos efeitos, quando já tiver sido *julgada procedente a ação declaratória* de indébito tributário, inclusive no *órgão colegiado (tribunal), ainda que não tenha havido o trânsito em julgado do acórdão (sujeito a recurso especial ou extraordinário)*. Na espécie, reputou-se lídimo o direito do autor da ação declaratória no obter a certidão, por conta do *princípio da segurança jurídica*, decorrente de decisão de órgão colegiado, que reconheceu, em acórdão, sujeito a recurso, a inexigibilidade do débito tributário. A ação de mandado de segurança, julgada procedente, visava, justamente, reconhecer referido direito.

para a regularização da documentação, pagamento ou parcelamento do débito e emissão de eventuais certidões negativas ou positivas com efeito de certidão negativa. (*Redação dada pela Lei Complementar n. 147, de 2014*)

§ 2º. A não regularização da documentação, no prazo previsto no § 1º deste artigo, implicará decadência do direito à contratação, sem prejuízo das sanções previstas no art. 81 da Lei n. 8.666, de 21 de junho de 1993, sendo facultado à Administração convocar os licitantes remanescentes, na ordem de classificação, para a assinatura do contrato, ou revogar a licitação [o citado art. 81 refere-se à *caracterização do descumprimento da obrigação*, sujeitando o responsável às penalidades legalmente estabelecidas].

No *RDC*, a regularidade fiscal pode ocorrer no *momento posterior ao julgamento das propostas*; e alcança somente o *licitante mais bem classificado* (art. 14, IV, da Lei 12.462/2011).

4.3 O art. 7º, XXXIII, da CF

115. O art. 27, V, do Estatuto, acrescido pela Lei 9.854, de 27.10.1999, refere, como qualificação dos concorrentes, o "cumprimento do disposto no inciso XXXIII do art. 7º da *Constituição Federal*"; estabelece este dispositivo: "*proibição de trabalho noturno, perigoso ou insalubre a menores de dezoito e de qualquer trabalho a menores de dezesseis anos, salvo na condição de aprendiz, a partir de quatorze anos*" (alterado pela EC 20, de 15.12.1998).

O não cumprimento desse artigo constitui motivo de *rescisão contratual* (cf. art. 78, XVIII, acrescido pela referida Lei 9.854). Já, o Decreto 4.358, de 5.9.1999, determina a *forma* de cumpri-lo: mediante *declaração firmada, pelo licitante*, cujo modelo encontra-se no anexo do ato administrativo.

4.4 Qualificação técnica: genérica, específica, operativa, técnico-profissional. A metodologia de execução

116. A *qualificação técnica* (art. 27, I) é o conjunto de *requisitos profissionais* que o licitante apresenta quanto aos seguintes elementos, conforme o resumo colhido de Hely Lopes Meirelles:[23]

(a) *genérica* = registro profissional na entidade; o CREA, para engenheiros, por exemplo. (art. 30, *caput*, I);

---

23. *Direito Administrativo Brasileiro*, 41ª ed., pp. 341 e ss.

(b) *específica* = (1) atestado de desempenho anterior;[24] e (2) aparelhamento e pessoal *adequados para a execução* [do contrato] (art. 30, *caput*, II; e § 1º).

(c) *operativa* = demonstração da *disponibilidade* dos recursos materiais e humanos adequados à execução. Neste caso, basta o licitante apresentar *relação do maquinário* exigido; e declaração formal de sua *disponibilidade para o momento da execução do contrato* (interpretação do § 6º, do art. 30).

(d) *capacidade técnico-profissional* = demonstração de que o licitante possui profissional que detenha *Atestado de Responsabilidade Técnica* (ART), por execução de obra ou serviço *semelhante* (art. 30, § 1º, I).[25]

Assim, expõe Antônio Carlos Cintra do Amaral, a *interpretação sistemática* da legislação leva ao entendimento segundo o qual deve haver tanto a *capacidade técnico-profissional* (do profissional) quanto a *capacidade operacional* (da empresa). Isso justifica a exigência legal (art. 33, III), no *consórcio* de empresas, do somatório de *quantitativos de cada consorciado* (de cada empresa).[26]

117. No caso de *obras, serviços e compras de grande vulto* [definição = art. 6º, V][27] e *de alta complexidade técnica* [definição = art. 30,

---

24. Para *obras e serviços*, os atestados serão fornecidos por pessoas jurídicas de direito público ou privado, devidamente registrados nas entidades profissionais competentes (art. 30, § 1º); e "Será sempre admitida a comprovação de aptidão através de certidões ou atestados de obras ou serviços similares de complexidade tecnológica e operacional equivalente ou superior" (art. 30, § 3º). Já, nas licitações para *fornecimento de bens*, a aptidão será comprovada por meio de atestados fornecidos por pessoa jurídica de direito público ou privado (art. 30, § 4º).

25. A exigência está restrita às *parcelas de maior relevância e valor significativo* do objeto da licitação, sendo vedadas exigências de *quantidades mínimas ou prazos máximos* (art. 30, § 1º, I, parte final, da Lei 8.666), e serão definidas no *instrumento convocatório* (art. 30, § 2º). A lei veda, ainda, exigência de comprovação de atividade ou de aptidão com *limitações de tempo ou de época* ou, ainda, em *locais específicos*, ou quaisquer outras não previstas na Lei 8.666/1993, vedadas, inclusive, as exigências de *propriedade e de localização prévia* (art. 30, § 5º).

26. Comentando as *Licitações Públicas*, p. 40.

27. "V – Obras, serviços e compras de grande vulto – aquelas cujo valor estimado seja superior a 25 (vinte e cinco) vezes o limite estabelecido na alínea 'c' do inciso I do art. 23 desta Lei" [esse dispositivo refere ao valor estimado da *concorrência* para *obras e serviços de engenharia*].

§ 9º],²⁸ a Administração poderá exigir, dos licitantes, a *metodologia de execução* (art. 30, § 8º).²⁹

Trata-se de *habilitação peculiar*, realizada antes da abertura das propostas (de preços). Não é caso de *classificação* dos planos de trabalho, mas sua aprovação, ou rejeição, como elemento da *qualificação técnica*.

4.5 Qualificação econômico-financeira

118. O Estatuto exige, ainda, dos participantes da licitação, *qualificação econômico-financeira* (art. 27, III), conforme *relação discriminada* nos incisos do art. 31;³⁰ basicamente, exigem-se balanços, certidões negativas de falência e concordata; e garantia (*até 1%*) do valor estimado do objeto da contratação.³¹

Incluem-se, na exigência, *excepcionalmente, capital mínimo e patrimônio líquido mínimo*, nas condições detalhadas dos §§ 2º e 3º do citado art. 31.³²

28. "§ 9º. Entende-se por licitação de alta complexidade técnica aquela que envolva alta especialização, como fator de extrema relevância para garantir a execução do objeto a ser contratado, ou que possa comprometer a continuidade da prestação de serviços públicos essenciais."
29. "§ 8º. No caso de obras, serviços e compras de grande vulto, de alta complexidade técnica, poderá a Administração exigir dos licitantes a metodologia de execução, cuja avaliação, para efeito de sua aceitação ou não, antecederá sempre à análise dos preços e será efetuada exclusivamente por critérios objetivos."
30. "Art. 31. A documentação relativa à qualificação econômico-financeira limitar-se-á a: I – balanço patrimonial e demonstrações contábeis do último exercício social, já exigíveis e apresentados na forma da lei, que comprovem a boa situação financeira da empresa, vedada a sua substituição por balancetes ou balanços provisórios, podendo ser atualizados por índices oficiais quando encerrado há mais de 3 (três) meses da data de apresentação da proposta; II – certidão negativa de falência ou concordata expedida pelo distribuidor da sede da pessoa jurídica, ou de execução patrimonial, expedida no domicílio da pessoa física; III – garantia, nas mesmas modalidades e critérios previstos no *caput* e § 1º do art. 56 desta Lei, limitada a 1% (um por cento) do valor estimado do objeto da contratação."
31. Quanto à garantia: v. art. 56.
32. "§ 2º. A Administração, nas compras para entrega futura e na execução de obras e serviços, poderá estabelecer, no instrumento convocatório da licitação, a exigência de capital mínimo ou de patrimônio líquido mínimo, ou ainda as garantias previstas no § 1º do art. 56 desta Lei, como dado objetivo de comprovação da qualificação econômico-financeira dos licitantes e para efeito de garantia ao adimplemento do contrato a ser ulteriormente celebrado. § 3º. O capital mínimo ou o valor do patrimônio líquido a que se refere o parágrafo anterior não poderá exceder

Nunca é demais ressaltar: essas exigências devem ser *proporcionais às obrigações assumidas*, pelo contratado, pena de malferir a *competitividade* (corolário da *igualdade*). A parte final do art. 37, XXI, da Constituição Federal, exige qualificações técnica e econômica à medida da necessidade do *cumprimento das obrigações*.[33]

5. Outras questões

5.1 Recursos administrativos

119. Assim como ocorre no caso de julgamento das propostas, o recurso da *habilitação ou inabilitação* comporta *recurso com efeito suspensivo*, nos termos do art. 109, I, "a", c/c o § 2º do mesmo dispositivo legal.

5.2 Consórcios de empresas

120. Na hipótese de *consórcio de empresas*, o art. 33 e §§ trazem normas específicas, quanto aos *documentos de habilitação*.[34]

---

a 10% (dez por cento) do valor estimado da contratação, devendo a comprovação ser feita relativamente à data da apresentação da proposta, na forma da lei, admitida a atualização para esta data através de índices oficiais. § 4º. Poderá ser exigida, ainda, a relação dos compromissos assumidos pelo licitante que importem diminuição da capacidade operativa ou absorção de disponibilidade financeira, calculada esta em função do patrimônio líquido atualizado e sua capacidade de rotação."

33. Nessa linha, o § 1º, do citado art. 31: "§ 1º. A exigência de índices limitar-se-á à demonstração da capacidade financeira do licitante com vistas aos *compromissos que terá que assumir caso lhe seja adjudicado o contrato*, vedada a exigência de *valores mínimos de faturamento anterior, índices de rentabilidade ou lucratividade (Redação dada pela Lei n. 8.883, de 1994)"* (g.n). Ademais, estabelece o § 5º, do art. 31: "§ 5º. A comprovação de boa situação financeira da empresa será feita de forma objetiva, através do cálculo de índices contábeis previstos no edital e devidamente justificados no processo administrativo da licitação que tenha dado início ao certame licitatório, vedada a exigência de índices e valores não usualmente adotados para correta avaliação de situação financeira suficiente ao cumprimento das obrigações decorrentes da licitação *(Redação dada pela Lei n. 8.883, de 1994)*".

34. "Art. 33. Quando permitida na licitação a participação de empresas em consórcio, observar-se-ão as seguintes normas: I – comprovação do compromisso público ou particular de constituição de consórcio, subscrito pelos consorciados; II – indicação da empresa responsável pelo consórcio que deverá atender às condições de liderança, obrigatoriamente fixadas no edital; III – apresentação dos documentos exigidos nos arts. 28 a 31 desta Lei por parte de cada consorciado, admitindo-se, para efeito de qualificação técnica, o somatório dos quantitativos de cada consorciado, e, para efeito de qualificação econômico-financeira, o somatório dos valores de cada

O consórcio *não é pessoa jurídica*, mas associação de empresas que conjugam recursos humanos, técnicos e materiais; é permitido somente *para as concorrências*, especificamente nos casos de *complexidade ou custo [elevado] do empreendimento*.

consorciado, na proporção de sua respectiva participação, podendo a Administração estabelecer, para o consórcio, um acréscimo de até 30% (trinta por cento) dos valores exigidos para licitante individual, *inexigível este acréscimo para os consórcios compostos, em sua totalidade, por micro e pequenas empresas assim definidas em lei*; IV – impedimento de participação de empresa consorciada, na mesma licitação, através de mais de um consórcio ou isoladamente; V – responsabilidade solidária dos integrantes pelos atos praticados em consórcio, tanto na fase de licitação quanto na de execução do contrato. § 1º. No consórcio de empresas brasileiras e estrangeiras a liderança caberá, obrigatoriamente, à empresa brasileira, observado o disposto no inciso II deste artigo. § 2º. O licitante vencedor fica obrigado a promover, antes da celebração do contrato, a constituição e o registro do consórcio, nos termos do compromisso referido no inciso I deste artigo" (g.n.).

CAPÍTULO 2

AS MODALIDADES FUNDAMENTAIS
DE LICITAÇÃO[1]

1. Agências Reguladoras (em geral): 1.1 Consulta e pregão; 1.2 Concessão de serviços de telecomunicações. 2. Agência Nacional do Petróleo: 2.1 Diretrizes; 2.2 Petrobrás. O inconstitucional Decreto 2.745/1998. 3. Pregão: Lei 10.520, de 17.7.2002: 3.1 Regime jurídico; 3.2 Entidades que recebem verbas da União. OSs e OSCIPs: regime; 3.3 Sistema de registro de preços; 3.4 Serviços de publicidade; 3.5 Casos em que se admite o pregão; 3.6 Procedimento. 4. As modalidades da Lei 8.666/1993: 4.1 Linhas gerais: 4.1.1 Critério de valor do objeto. Consórcios públicos; 4.1.2 Edital e carta-convite. Princípio da publicidade (retomada); 4.2 Concorrência: 4.2.1 Conceito; 4.2.2 Casos em que é adotada; 4.2.3 Qualificação preliminar; 4.2.4 Pré--qualificação: 4.2.4.1 Noção; 4.2.4.2 No RDC; 4.3 Tomada de preços: 4.3.1 Conceito; 4.3.2 Registros cadastrais; 4.4 Convite: 4.4.1 Conceito; 4.4.2 Comissão licitatória; 4.4.3 Instrumentos de pagamento; 4.5 Concurso: 4.5.1 Conceito; 4.5.2 Exaurimento; 4.5.3 Comissão licitatória; 4.5.4 Inexigibilidade; 4.6 Leilão: 4.6.1 Características; 4.6.2 Venda de móveis. Alienação de mercadorias estrangeiras apreendidas; 4.6.3 Alienação de imóveis.

121. Legislações específicas estabelecem *modalidades de Licitação*; destacamos:

1. Dispõe o art. 22, *caput*, da Lei 8.666/1993: "São modalidades de licitação: I – concorrência; II – tomada de preços; III – convite; IV – concurso; V – leilão". O § 8º do mesmo dispositivo estabelece: "*é vedada a criação* de outras modalidades de licitação ou uma *combinação* das referidas neste artigo". Sem embargo, leis podem criar outros tipos de licitação. Ademais, não se podem confundir *modalidades ou tipos de licitação* – neste momento em estudo – com *critérios ou formas de julgamento das propostas*, igualmente estabelecidas por leis (menor preço, melhor técnica, técnica a preço etc.), vistos no momento oportuno.

1. Agências Reguladoras (em geral)

1.1 Consulta e pregão

A *princípio*, especificamente no âmbito da *Agência Nacional de Telecomunicações* (Anatel), a Lei 9.472, de 16.7.1997,[2] no *caput* do art. 54, determina a adoção do regime de *licitação previsto em lei geral para a Administração Pública* (Lei 8.666/1993), no caso de *contratação de obras e serviços de engenharia civil*.

122. No entanto, o parágrafo único, do art. 54, da Lei 9.472, permite à agência "utilizar *procedimentos próprios* de contratação, nas modalidades de *consulta e pregão*", para os casos não previstos no *caput*; ou seja, para as hipóteses *não compreendidas* na contratação de obras e serviços de *engenharia* adotar-se-á *consulta ou pregão*.

Tanto a consulta quanto o pregão, nos termos do art. 55, podem ser disciplinadas *pela própria agência*,[3] observados as disposições da Lei (9.472; inclusive aquelas discriminadas nos diversos incisos do art. 55). Dispõem os arts. 54 e 55 da citada lei:

> Art. 54. A contratação de obras e serviços de engenharia civil está sujeita ao procedimento das licitações previsto em lei geral para a Administração Pública.
>
> Parágrafo único. Para os casos não previstos no *caput*, a Agência poderá utilizar procedimentos próprios de contratação, nas modalidades de consulta e pregão.
>
> Art. 55. A consulta e o pregão serão disciplinados pela Agência, observadas as disposições desta Lei e, especialmente:
>
> I – a finalidade do procedimento licitatório é, por meio de disputa justa entre interessados, obter um contrato econômico, satisfatório e seguro para a Agência;

2. No entanto, a *outorga* dos serviços de radiodifusão sonora e de sons e imagens (televisão) não é de competência da Anatel, mas do *Poder Executivo* (*Administração direta*), conforme o *caput*, do art. 211. A agência reguladora limitar-se-á à mera *fiscalização, quanto aos aspectos técnicos, das estações* (parágrafo único). "(...) o que significa a imoral e grosseiramente inconstitucional persistência do sistema baseado em puro favoritismo" (Celso Antônio Bandeira de Mello, *Curso de Direito Administrativo*, 32ª ed., Malheiros Editores, 2015, p. 183).

3. Quanto à consulta, a Resolução 5, de 15.1.1998, da Anatel, conforme informa Celso Antônio Bandeira de Mello (*Curso de Direito Administrativo*, 32ª ed., p. 184), é a modalidade de licitação em que ao menos cinco pessoas, físicas ou jurídicas, de elevada qualificação, são chamadas a apresentar propostas para fornecimento de bens ou serviços *não comuns*.

II – o instrumento convocatório identificará o objeto do certame, circunscreverá o universo de proponentes, estabelecerá critérios para aceitação e julgamento de propostas, regulará o procedimento, indicará as sanções aplicáveis e fixará as cláusulas do contrato;

III – o objeto será determinado de forma precisa, suficiente e clara, sem especificações que, por excessivas, irrelevantes ou desnecessárias, limitem a competição;

IV – a qualificação, exigida indistintamente dos proponentes, deverá ser compatível e proporcional ao objeto, visando à garantia do cumprimento das futuras obrigações;

V – como condição de aceitação da proposta, o interessado declarará estar em situação regular perante as Fazendas Públicas e a Seguridade Social, fornecendo seus códigos de inscrição, exigida a comprovação como condição indispensável à assinatura do contrato;

VI – instrumento convocatório, comparação objetiva e justo preço, sendo o empate resolvido por sorteio;

VII – as regras procedimentais assegurarão adequada divulgação do instrumento convocatório, prazos razoáveis para o preparo de propostas, os direitos ao contraditório e ao recurso, bem como a transparência e fiscalização;

VIII – a habilitação e o julgamento das propostas poderão ser decididos em uma única fase, podendo a habilitação, no caso de pregão, ser verificada apenas em relação ao licitante vencedor;

IX – quando o vencedor não celebrar o contrato, serão chamados os demais participantes na ordem de classificação;

X – somente serão aceitos certificados de registro cadastral expedidos pela Agência, que terão validade por dois anos, devendo o cadastro estar sempre aberto à inscrição dos interessados.

123. A modalidade *pregão* será adotada no caso de "disputa pelo *fornecimento de bens e serviços comuns*"; mas restrita "aos previamente cadastrados,[4] que serão chamados a formular lances em sessão pública" (art. 56, *caput*). Já, a *consulta* terá por objeto o *fornecimento de bens e serviços não compreendidos para a modalidade pregão* (art. 58, *caput*).[5] Estabelecem os arts. 56 a 58:

4. Já, o art. 57, da lei, estabelece as hipóteses em que o *pregão será aberto a todos os interessados, independentemente de cadastramento.*
5. De acordo com o art. 210, da referida legislação: "As concessões, permissões e autorizações de serviço de telecomunicações e uso de radiofrequência e as res-

Art. 56. A disputa pelo fornecimento de bens e serviços comuns poderá ser feita em licitação na modalidade de pregão, restrita aos previamente cadastrados, que serão chamados a formular lances em sessão pública.

Parágrafo único. Encerrada a etapa competitiva, a Comissão examinará a melhor oferta quanto ao objeto, forma e valor.

Art. 57. Nas seguintes hipóteses, o pregão será aberto a quaisquer interessados, independentemente de cadastramento, verificando-se a um só tempo, após a etapa competitiva, a qualificação subjetiva e a aceitabilidade da proposta:

I – para a contratação de bens e serviços comuns de alto valor, na forma do regulamento;

II – quando o número de cadastrados na classe for inferior a cinco;

III – para o registro de preços, que terá validade por até dois anos;

IV – quando o Conselho Diretor assim o decidir.

Art. 58. A licitação na modalidade de consulta tem por objeto o fornecimento de bens e serviços não compreendidos nos arts. 56 e 57.

Parágrafo único. A decisão ponderará o custo e o benefício de cada proposta, considerando a qualificação do proponente.

124. A *consulta e o pregão* (acima) foram estendidas a todas as *agências reguladoras*,[6] por força do art. 37 da Lei 9.986, de 18.7.2000.[7]

Noutro dizer: para aquisição de *bens e serviços* de engenharia, as agências reguladoras adotam o regime previsto na Lei 8.666/1993; para aquisição de *bens e serviços comuns*, o pregão; nas demais hipóteses de aquisição de bens e serviços, a consulta.

pectivas licitações regem-se *exclusivamente por esta Lei*, a elas não se aplicando as Leis 8.666, de 21.6.1993, 8.987, de 13.2.1995, 9.074, de 7.7.1995, e suas alterações" (g.n.). Apesar disso, nos casos omissos da Lei 9.472 – *não havendo incompatibilidade* com ela, ou com os princípios e valores adotados nela –, aplicam-se as normas regidas por essas legislações.

6. *Grosso modo*, as *agências reguladoras* são *autarquias* (pessoas jurídicas de Direito Público, integrantes da Administração Pública indireta), com "regime jurídico especial". Casos da Anatel, Aneel, Agência Nacional do Petróleo etc.

7. "Art. 37. A aquisição de bens e a contratação de serviços pelas Agências Reguladoras poderá se dar nas modalidades de consulta e pregão, observado o disposto nos arts. 55 a 58 da Lei n.9.472, de 1997, e nos termos de regulamento próprio. Parágrafo único. O disposto no *caput* não se aplica às contratações referentes a obras e serviços de engenharia, cujos procedimentos deverão observar as normas gerais de licitação e contratação para a Administração Pública."

1.2 Concessão de serviços de telecomunicações[8]

125. Já, a *concessão de serviços de telecomunicações* será disciplinada pela própria agência (Anatel), observados os *princípios constitucionais* e o procedimento do art. 89 da Lei 9.472:

Art. 88. As concessões serão outorgadas mediante licitação.

Art. 89. A licitação será disciplinada pela Agência, observados os princípios constitucionais, as disposições desta Lei e, especialmente:

I – a finalidade do certame é, por meio de disputa entre os interessados, escolher quem possa executar, expandir e universalizar o serviço no regime público com eficiência, segurança e a tarifas razoáveis;

II – a minuta de instrumento convocatório será submetida a consulta pública prévia;

III – o instrumento convocatório identificará o serviço objeto do certame e as condições de sua prestação, expansão e universalização, definirá o universo de proponentes, estabelecerá fatores e critérios para aceitação e julgamento de propostas, regulará o procedimento, determinará a quantidade de fases e seus objetivos, indicará as sanções aplicáveis e fixará as cláusulas do contrato de concessão;

IV – as qualificações técnico-operacional ou profissional e econômico-financeira, bem como as garantias da proposta e do contrato, exigidas indistintamente dos proponentes, deverão ser compatíveis com o objeto e proporcionais a sua natureza e dimensão;

V – o interessado deverá comprovar situação regular perante as Fazendas Públicas e a Seguridade Social;

VI – a participação de consórcio, que se constituirá em empresa antes da outorga da concessão, será sempre admitida;

VII – o julgamento atenderá aos princípios de vinculação ao instrumento convocatório e comparação objetiva;

VIII – os fatores de julgamento poderão ser, isolada ou conjugadamente, os de menor tarifa, maior oferta pela outorga, melhor qualidade dos

---

8. Quanto à exploração de *portos organizados e de instalações portuárias*: Lei 12.815, de 5.6.2013 e Decreto 8.033, de 27.6.2013; o art. 5º deste ato administrativo dispõe: "A licitação para a concessão e para o arrendamento de bem público destinado à atividade portuária será regida pelo disposto na Lei 12.815, de 2013, na Lei 12.462, de 2011 *[mais uma hipótese RDC]*, neste Decreto *[8.033]* e, subsidiariamente, no Decreto 7.581, de 11 de outubro de 2011 *[regulamenta o RDC]*"; e à exploração, mediante permissão e autorização, de *serviços de transporte rodoviário interestadual e internacional de passageiros*, Lei 8.987, de 13.2.1995 e Decreto 2.521, de 20.3.1998, com redação do Decreto 8.083, de 26.8.2013.

serviços e melhor atendimento da demanda, respeitado sempre o princípio da objetividade;

IX – o empate será resolvido por sorteio;

X – as regras procedimentais assegurarão a adequada divulgação do instrumento convocatório, prazos compatíveis com o preparo de propostas e os direitos ao contraditório, ao recurso e à ampla defesa.

O mesmo ocorre na *permissão* (art. 119).[9]

2. Agência Nacional do Petróleo

2.1 Diretrizes

126. Na seara da *Agência Nacional do Petróleo*, a Lei 9.478, de 6.8.1997, especificamente no art. 23, *caput*, com redação da Lei 12.351, de 2010, estabelece:

> As atividades de *exploração, desenvolvimento e produção de petróleo e de gás natural* serão exercidas mediante contratos de concessão, *precedidos de licitação*, na forma estabelecida nesta Lei, ou sob o *regime de partilha de produção nas áreas do pré-sal e nas áreas estratégicas*, conforme legislação específica.

Já, o art. 36 dispõe:

> A licitação para outorga dos contratos de concessão referido no art. 23 [acima] obedecerá ao disposto *nesta Lei, na regulamentação a ser expedida pela ANP e no respectivo edital*.[10]

2.2 Petrobrás. O inconstitucional Decreto 2.745/1998

127. Quanto aos *contratos celebrados pela Petrobrás*, o art. 67, da Lei 9.478, tem a seguinte dicção:

---

9. "Art. 119. A permissão será precedida de procedimento licitatório simplificado, instaurado pela Agência, nos termos por ela regulados, ressalvados os casos de inexigibilidade previstos no art. 91, observado o disposto no art. 92, desta Lei." Relembrando: a *outorga dos serviços de radiodifusão sonora e de sons e imagens está a cargo do Poder Executivo*, e não da Anatel (art. 211, *caput*).

10. Fazem ouvidos moucos à Lei Geral de Licitações (8.666/1993) e à Lei Geral de Concessões e Permissões (Lei 8.987/1995)!

AS MODALIDADES FUNDAMENTAIS DE LICITAÇÃO

Os contratos celebrados pela Petrobrás, para *aquisição de bens e serviços*, serão precedidos de procedimento licitatório simplificado, *a ser definido em decreto do Presidente da República* (g.n.).

Dessa maneira, o Decreto 2.745, de 24.8.1998, aprovou o Regulamento do Procedimento Licitatório Simplificado da Petróleo Brasileiro S/A-Petrobrás; esse ato normativo contém inúmeras disposições que, a rigor, deveriam constar em lei, como a *dispensa, a inexigibilidade* etc. Enfim, sem amparo legal, traz as regras do procedimento de licitação para a Petrobras, em evidente *inconstitucionalidade*, por ofensa ao *princípio da legalidade* (art. 22, XXVII, c/c o art. 37, XXI, da CF).[11]

Assim, a Lei 8.666/1993, de regra, não teria aplicação; ou, atuaria, *quando muito*, na qualidade de "soldado de reserva" (supletivamente) do Decreto![12]

3. Pregão: Lei 10.520, de 17.7.2002

3.1 Regime jurídico

128. O *pregão*, outra *modalidade licitatória*, tem fundamento na Lei 10.520, de 17.7.2002;[13] e *pode* ser utilizado na *aquisição de bens e serviços comuns, qualquer que seja valor contratado*, nos termos do art. 1º, *caput*, dessa legislação.

---

11. Há, ao menos, um Recurso Extraordinário, no STF (441.280), no qual se discute a constitucionalidade do referido decreto. Em ação de mandado de segurança, o mesmo tribunal, por órgão monocrático, tem permitido o uso do modelo simplificado, adotado no decreto, em vez da Lei 8.666/1993 (Diógenes Gasparini, *Direito Administrativo*, 17ª ed., Saraiva, 2012, p. 555).

12. Nesse sentido, o art. 6º-A, da Lei 5.862, de 12.12.1972, acrescido pela Lei 12.833, de 20.6.2013: "A contratação de bens e serviços pela Infraero e suas controladas, a exemplo dos procedimentos facultados à Petrobrás no art. 67 da Lei 9.478, de 6 de agosto de 1997, bem como as permissões e concessões de uso de áreas, instalações e equipamentos aeroportuários observarão *procedimento licitatório simplificado, a ser definido em decreto do Presidente da República*" (g.n.).

13. O *regulamento* dessa lei fora aprovado pelo Decreto federal 3.555, de 8.8.2000. Esse ato administrativo, no art. 2º (anexo I), define *pregão presencial*, como sendo aquele em que "a disputa pelo fornecimento de bens ou serviços comuns é feita em sessão pública, por meio de propostas de preços escritas e lances verbais". Já, no *pregão eletrônico*, regulamentado pelo Decreto 5.450, de 31.5.2005, a disputa é realizada à distância, em sessão pública, por meio de sistema que promova a comunicação pela internet (art. 2º, do Decreto 5.450/2005).

Trata-se de lei que se aplica às entidades federativas, por força do art. 22, XXVII, da Constituição da República. Por cuidar-se de *norma geral*, Estados e Municípios podem estabelecer regras específicas, por meio de leis e regulamentos, à medida de suas peculiaridades. Ademais, em face do art. 9º, da Lei 10.520, aplicam-se as disposições do Estatuto (Lei 8.666/1993), *subsidiariamente*.

129. No âmbito federal, o Decreto 5.450, de 31.5.2005 (regulamenta o pregão, na *forma eletrônica*), *exige* a utilização da modalidade pregão, *preferencialmente eletrônica*, no caso de aquisição de bens e serviços comuns.

129-A. Finalmente, conforme o art. 2º, da Lei 12.349, de 15, de dezembro de 2010, as regras quanto às *margens de preferência* – de produtos e serviços *nacionais* em face dos produtos e serviços *estrangeiros* – aplicam-se ao *pregão*.[14]

3.2 Entidades que recebem verbas da União. OSs e Oscips: regime

130. De outra parte, o art. 1º e §§, do Decreto 5.504, de 5.8.2005, *exige pregão* (preferencialmente, eletrônico), na *aquisição de bens e serviços comuns, por entidades de direito público, ou privado, quando recebam verbas voluntárias da União*.

Essas entidades, se perceberem verbas da União, *devem licitar*, quanto a obras, compras, serviços e alienações (art. 1º, *caput*); e, obrigatoriamente, na modalidade pregão (preferência pela forma eletrônica, salvo *justificativa* pelo dirigente ou autoridade competente), no caso de *aquisição de bens e serviços comuns* (§§ 2º e 3º).

130-A. Os dispositivos acima citados aplicam-se às *Organizações Sociais* – OSs (instituídas pela Lei 9.637, de 15.5.1998) e às *Organizações da Sociedade Civil de Interesse Público* – Oscips (instituídas pela Lei 9.790, de 23.3.1999), "relativamente aos recursos por elas administrados *oriundos de repasses da União*, em face dos respectivos contratos de gestão ou termos de parceria" (§ 5º, do art. 1º, do referido decreto).

No entanto, sobreveio o Decreto 6.170, de 25.7.2007, cujo art. 11 tem a seguinte redação:

Art. 11. Para efeito do disposto no art. 116 da Lei 8.666, de 21.6.1993, a *aquisição de produtos e a contratação de serviços com recursos da União transferidos a entidades privadas sem fins lucrativos* deverão

14. Seção I, Capítulo II – II – A margem de preferência – regime jurídico.

observar os princípios da impessoalidade, moralidade e economicidade, sendo necessária, *no mínimo*, a realização de *cotação prévia de preços no mercado antes da celebração do contrato* (g.n.).

Portanto, em face desse dispositivo, entidades privadas sem fins lucrativos, que tenham percebido verba federal, e forem adquirir produtos ou serviços, devem, *no mínimo*, proceder à *cotação prévia de preços no mercado*, antes da assinatura do contrato. Teria havido revogação parcial do Decreto 5.504/2005, que exige o pregão no caso de bens e serviços comuns?

130-B. Em que pese posição louvável da eminente Maria Sylvia Zanella Di Pietro,[15] entendemos possível o cúmulo das duas condições, quanto às *entidades privadas sem fins lucrativos*,[16] que tenham percebido *verba federal*: (a) cotação prévia de preços (Decreto 6.170/2007); (b) realização de licitação, na forma da legislação federal pertinente (ou seja: Lei 8.666/1993); na hipótese de aquisição de bens e serviços comuns, a modalidade pregão, de preferência, na forma eletrônica (art. 1º e § 1º do Decreto 5.504/2005).

Uma condição não exclui a outra; elas atendem ao *princípio da moralidade administrativa*, além do da *eficiência*. A mera cotação de preços seria insuficiente para cumprir os interesses públicos subjacentes às normas constitucionais; seria forma de burlar o Texto Constitucional (art. 37, XXI), eis que essas entidades recebem verba do erário.

Busca-se o *método sistemático* para interpretar textos, talvez o mais utilizado no cotidiano forense; afirma Cammeo:

> A interpretação de uma disposição de uma lei deve ter em conta também outras disposições da lei mesma, e de toda a legislação sobre um dado instituto ou oxalá de toda a legislação geral.[17]

Pois, o Direito é uno, no sentido de suas normas estarem conectadas, de maneira a haver inter-relação entre elas.[18]

Assim, ambos os requisitos devem estar presentes; a *cotação de preços e a licitação*.

15. *Direito Administrativo*, 25ª ed., Atlas, 2012, p. 353; a doutrinadora entende ter havido revogação parcial do Decreto 5.504/2005.
16. *Especialmente as OSs e as OSCIPs* (cf. art. 1º, § 5º, do Decreto 5.504/2005).
17. *Corso di Diritto Amministrativo*, CEDAM, 1960, p. 120.
18. Heraldo Garcia Vitta, *Aspectos..., cit.*, p. 120.

130-C. Repita-se: trata-se de normas que atendem ao princípio da *moralidade administrativa*; bem assim, ao da *eficiência*, pois aquelas entidades devem proceder à licitação, na modalidade pregão, o qual tem critério de julgamento das propostas, o *menor preço*.

130-D. No entanto, a Lei 13.019, de 31.7.2014, estabeleceu normas quanto às contratações realizadas pelas *Organizações da Sociedade Civil*:

Art. 43. As contratações de bens e serviços pelas organizações da sociedade civil, feitas com o uso de recursos transferidos pela administração pública, deverão observar os princípios da legalidade, da moralidade, da boa-fé, da probidade, da impessoalidade, da economicidade, da eficiência, da isonomia, da publicidade, da razoabilidade e do julgamento objetivo e a busca permanente de qualidade e durabilidade, de acordo com o regulamento de compras e contratações aprovado para a consecução do objeto da parceria.

§ 1º. O processamento das compras e contratações poderá ser efetuado por meio de sistema eletrônico disponibilizado pela administração pública às organizações da sociedade civil, aberto ao público via internet, que permita aos interessados formular propostas.

§ 2º. O sistema eletrônico de que trata o § 1º conterá ferramenta de notificação dos fornecedores do ramo da contratação que constem do cadastro de que trata o art. 34 da Lei n. 8.666, de 21 de junho de 1993.

Art. 44. O gerenciamento administrativo e financeiro dos recursos recebidos é de responsabilidade exclusiva da organização da sociedade civil, inclusive no que diz respeito às despesas de custeio, investimento e pessoal.

§ 1º. (*Vetado*).

§ 2º. Os encargos trabalhistas, previdenciários, fiscais e comerciais relativos ao funcionamento da instituição e ao adimplemento do termo de colaboração ou de fomento são de responsabilidade exclusiva das organizações da sociedade civil, não se caracterizando responsabilidade solidária ou subsidiária da administração pública pelos respectivos pagamentos, qualquer oneração do objeto da parceria ou restrição à sua execução.

Dessa maneira, as contratações dessas entidades de direito privado, quando utilizarem recursos da **Administração**, com essa finalidade, devem observar os parâmetros citados no dispositivo, inclusive o "*regulamento de compras e contratações* aprovado (pela entidade pública) para consecução do objeto da parceria".

Contudo, essa lei exclui [a nosso ver, injustificadamente] de sua alçada as *Organizações Sociais*, que celebrarem contratos de gestão (art. 3º, III); mas não assim as OSCIPs (art. 4º).

130-E. Então, *em face da lei*, há duas situações distintas, embora, *devessem ter o mesmo tratamento jurídico*: As OSs, que firmarem contratos de gestão, continuam regidas pelas normas então existentes (conforme visto acima), a elas não se aplicando – para nós, *em princípio* –, as disposições da Lei 13.019. Já, as OSCIPs submetem-se aos ditames dessa lei: logo, nas contratações, devem observar os *princípios e as regras* dos arts. 42 e 43 [dentre outros artigos].

Contudo, não faz sentido essa distinção. Comumente, as OSs são escolhidas sem competição, de acordo com a *discricionariedade* do Poder Público, o que, no Brasil, pode levar a favoritismos. E, ao menos nos âmbitos *municipais e estaduais*, muitas vezes adquirem bens e serviços sem maiores comprometimentos com os princípios e valores constitucionais (ausência de licitação). Enormes quantias de dinheiro público podem ser comprometidas com essa falta de sintonia ao Texto Constitucional.

Agora, as OSCIPs submetem-se às regras da nova Lei (13.019). Então, a escolha delas é feita por *chamamento público* (art. 23 e ss.; art. 29); à *contratação, pelas OSCIPs, de bens e serviços*, deve haver a aprovação, pela Administração, do respectivo *regulamento* (arts. 35, V, "i"; 42, parágrafo único, II; 43-44).[19]

3.3 Sistema de registro de preços

131. O *pregão* também poderá ser adotado no *sistema de registro de preços*, conforme permissão do art. 11 da Lei 10.520/2002. Logo, para *compras*, no *sistema de registro de preços* (art. 15 do Estatuto: Lei 8.666/1993), a Administração (Federal, Estadual ou Municipal) poderá adotar tanto o *pregão*, para a compra de *bens e serviços comuns* (art. 11, da Lei 10.520/2002), quanto a *concorrência* (esta, por força do art. 15, § 3º, I, do Estatuto).[20]

---

19. Ver, ainda, Seção II – Capítulo I – "c.2" – Convênios, Organizações Sociais (OSs) e Organizações da Sociedade Civil de Interesse Público (OSCIPs).

20. Ademais, União, Estados, Distrito Federal e Municípios poderão adotar, nas licitações de *registro de preços destinadas à aquisição de bens e serviços comuns da área de saúde*, a modalidade do pregão, inclusive o eletrônico (cf. art. 2º-A da Lei 10.191, de 14.2.2001, com redação da Lei 10.520/2002).

3.4 Serviços de publicidade

131-A. De outro lado, a contratação de *serviços de publicidade* não admite a modalidade pregão, porque a Lei 12.232, de 29.4.2010 (estabelece normas gerais para licitação e contratação de serviços de publicidade), no art. 5º, exige a adoção de *critérios de julgamento das propostas* pela "melhor técnica", ou "técnica e preço" (destrinchados no art. 46 do Estatuto), os quais são *incompatíveis com o pregão*, que adota, exclusivamente, o *"menor preço"*.[21]

3.5 Casos em que se admite o pregão

132. O parágrafo único do art. 1º da Lei 10.520, define *bens e serviços comuns*:

> (...) aqueles cujos padrões de desempenho e qualidade possam ser objetivamente definidos pelo edital, por meio de especificações usuais no mercado.

Nada diz. Contudo, de maneira geral, parece, a regra refere à aquisição de bens e serviços rotineiros da Administração, ou seja, que não demandam natureza, ou qualidade específica, especial.

133. De acordo com Diógenes Gasparini, o Tribunal de Contas da União admite essa modalidade licitatória para *obras de menor complexidade técnica*; o autor cita a Súmula 257/2010 daquele tribunal: "O uso do pregão nas contratações de serviços comuns de engenharia encontra amparo na Lei 10.520/2002".[22]

134. Logo adiante, o mesmo professor reitera o fato de o Tribunal de Contas da União admitir o pregão para *obras e serviços de engenharia* que possuam *natureza comum*, em razão da ausência de vedação na Lei 10.520/2002 (Acórdão 817/2005, Min. Valmir Campelo).[23]

134-A. Contudo, no âmbito federal, o art. 5º, do Decreto 3.555/2000, *veda*, expressamente, a modalidade pregão no caso de con-

---

21. Nesse sentido, Carlos Pinto Coelho Motta, *Divulgação Institucional e Contratação de Serviços de Publicidade*, Fórum, 2010, pp. 98-99 e Márcio dos Santos Barros, *Comentários sobre Licitações e Contratos Administrativos*, 2ª ed., NDJ, 2011, p. 573.

22. *Direito Administrativo*, 17ª ed., cit., p. 639.

23. Idem, p. 641.

tratações de *obras e serviços de engenharia*, bem como nas locações imobiliárias e alienações em geral.[24]

De toda forma, a Lei 10.520/2002 refere, expressamente, à modalidade licitatória *pregão* somente para a *aquisição de bens e serviços comuns*. Logo, parece mais lógico a Administração adotar, nas *obras e serviços de engenharia*, a *concorrência ou a tomada de preços*, mediante os critérios de julgamento das propostas de "melhor técnica" ou "técnica e preço". Já, nos casos em que há serviços de engenharia e arquitetura (projetos), deve-se adotar o *concurso*, inclusive nas obras de menor sofisticação.[25]

3.6 Procedimento

135. No pregão, há inversão do procedimento, na seguinte ordem: a) classificação das propostas; b) habilitação do vencedor.

Assim, ao contrário do regime do Estatuto, no qual apenas os *habilitados* terão suas *propostas* analisadas, no *pregão*, somente após o julgamento das propostas [pelo pregoeiro], o qual demanda *lances sucessivos*, ocorrerá análise da documentação (habilitação/qualificação) do vencedor (art. 4º, XII, da Lei 10.520).

136. Dessa forma:

> Art. 4º. (...); VIII – no curso da sessão, o autor da oferta de *valor mais baixo e os das ofertas com preços até 10% (dez por cento) superiores àquela* poderão fazer *novos lances verbais e sucessivos*, até a proclamação do vencedor; IX – *não havendo pelo menos 3 (três) ofertas nas condições definidas no inciso anterior*, poderão os autores das *melhores propostas*, até o máximo de 3 (três), oferecer *novos lances verbais e sucessivos, quaisquer* que sejam os preços oferecidos; X – para o julgamento e classificação das propostas, será adotado o *critério de menor preço*, observados os *prazos máximos para fornecimento, as especificações técnicas e parâmetros mínimos de desempenho e qualidade* definidos no edital (g.n.).

---

24. Na contratação de locações imobiliárias e alienações em geral, a Administração visa o *maior preço, e não o menor*. Márcio dos Santos Barros adverte: "Caso, entretanto, a Administração atue como locatária nas locações imobiliárias, em princípio a solução requerida será a dispensa de licitação baseada no art. 24, X *[do Estatuto]*" (ob. cit., p. 573). Evidentemente, se estiverem presentes os requisitos enunciados nesse dispositivo, para justificar a dispensa do procedimento licitatório.

25. Nessa linha, Antônio Roque Citadini, *Comentários e Jurisprudência sobre a Lei de Licitações Públicas*, 2ª ed., Max Limonad, 1997, p. 97.

Assim, o menor preço pode não corresponder ao preço nominal, mas à proposta que detêm melhores condições, considerando-se esses atributos (inclusive quanto ao prazo de pagamento), definidos no edital.

Art. 4º. (...); XI – examinada a proposta *classificada em primeiro lugar*, quanto ao *objeto e valor*, caberá ao pregoeiro decidir *motivadamente* a respeito de sua aceitabilidade; XII – encerrada a etapa competitiva e ordenadas as ofertas, o pregoeiro procederá à *abertura do invólucro contendo os documentos de habilitação* do licitante que apresentou a *melhor proposta*, para a verificação do atendimento das condições fixadas no edital [quanto à habilitação] (g.n.); XVI – se a oferta não for aceitável ou se o licitante desatender às exigências habilitatórias, o pregoeiro examinará as *ofertas subsequentes e a qualificação dos licitantes*, na *ordem de classificação*, e assim sucessivamente, até a apuração de uma que atenda ao edital, sendo o respectivo licitante declarado vencedor; XVII – nas situações previstas nos incisos XI e XVI, o pregoeiro poderá *negociar* diretamente com o proponente para que seja obtido *preço melhor* (g.n.).

137. Uma vez declarado o vencedor, pelo pregoeiro, "qualquer licitante poderá *manifestar imediata e motivadamente* a intenção de recorrer, quando lhe será concedido o prazo de 3 (três) dias para a apresentação das *razões do recurso*, ficando *os demais licitantes* desde logo intimados para *apresentar contrarrazões* em igual número de dias, que começarão a correr do término do prazo do recorrente, sendo-lhe assegurada *vista imediata dos autos*" (art. 4º, XVIII; g.n.).

4. As modalidades da Lei 8.666/1993

4.1 Linhas gerais

138. Perante a Lei *8.666/1993*, existem as seguintes *modalidades de licitação*; [não há *possibilidade da combinação* desses modelos, por conta de *vedação legal* (*art. 22, § 8º*)]:[26] concorrência, tomada de preços, convite, concurso e leilão (art. 22, *caput*).

26. Dispõe: "É vedada a criação de outras modalidades de licitação ou a combinação das referidas neste artigo". Evidentemente, a *lei* pode criar outras modalidades de licitação. O que não pode ocorrer é a criação de tipos de licitação pela própria Administração Pública, isto é, por atos administrativos; ou a combinação dos modelos licitatórios, estipulados nas leis.

4.1.1   Critério de valor do objeto. Consórcios públicos

139. O legislador adotou, inicialmente, o *critério de patamares de valor*, no caso de licitação de serviços, obras e compras (art. 23, I e II):²⁷ a *concorrência*, para valores altos; a *tomada de preços*, para valores médios; e o *convite*, para valores menores.²⁸

Como explica Celso Antônio Bandeira de Mello, também o *leilão* é utilizado à medida do valor do bem; destinado à *venda de bens* da Administração, tem utilização restrita "aos casos em que o *valor isolado ou global de avaliação deles* [dos bens] *não exceder o limite fixado para compras por tomada de preços* (art. 17, § 6º)".²⁹

140. Para evitar burla à modalidade de licitação, estabelecida na lei, sob o critério de patamares de valor, o art. 23, § 5º (com redação da Lei 8.883/1994) determina à Administração considerar o *conjunto da obra ou serviço* [compras, também], e *não apenas parcelas deles*, para a escolha da modalidade licitatória, com ressalva das "parcelas de natureza específica que possam ser executadas por pessoas ou empresas de especialidade diversa daquele do executor da obra ou serviço".

Deve-se considerar, portanto, o objeto licitado de *forma global*; e não parte, ou parcela dele, a fim de adotar-se a modalidade de licitação.

141. Nos casos em que couber convite, a Administração poderá utilizar a tomada de preços e, em qualquer caso, a concorrência (art. 23, § 4º); a recíproca nunca.³⁰ A lei autoriza adoção de uma modalidade mais complexa, não o inverso.

<hr>

27. Os respectivos valores estão consignados no dispositivo legal; contudo, seria inútil mencioná-los, pois recebem atualização, ao longo do tempo (art. 120).

28. Relembre-se, para valores módicos, a *licitação é dispensável* (art. 24).

29. *Curso...*, cit., p. 578. Com efeito, segundo o autor, "se tal limite vigora para a alienação de bens imóveis (art. 17, § 6º), *a fortiori*, vigorará no caso de móveis" (idem, p. 574, rodapé 31). No caso específico de *mercadorias abandonadas*, ou objeto de *pena de perdimento* [*mercadorias estrangeiras apreendidas*], a Administração deve adotar *o leilão*, preferencialmente o eletrônico (art. 29, § 13, do Decreto-lei 1.455, de 7.4.1976, *incluído pela Lei 12.715, de 17.9.2012*, c/c os arts. 28 e 29, do mesmo decreto-lei, conforme redação dada pela Lei 12.350, de 2010).

30. Há, ao menos, uma regra específica à *Administração Federal*; é o art. 23, § 6º, acrescentado pela Lei 8.883/1994: "§ 6º. As organizações industriais da Administração Federal direta, em face de suas peculiaridades, obedecerão aos limites estabelecidos no inciso I deste artigo também para suas compras e serviços em geral, desde que para a aquisição de materiais aplicados exclusivamente na manutenção, reparo ou fabricação de meios operacionais bélicos pertencentes à União *(Incluído pela Lei n. 8.883, de 1994)*". O citado inciso I do art. 23 refere aos *patamares de valor para obras e serviços de engenharia*.

142. Na hipótese de *consórcios públicos*, aplica-se o *dobro* dos valores mencionados no *caput*, do art. 23, quando formado por *até três entes da Federação*, e o *triplo*, quando formado por maior número, tudo conforme o § 8º, acrescentado pela Lei 11.107/2005 (regula os consórcios públicos).

4.1.2   Edital e carta-convite. Princípio da publicidade (retomada)

143. O edital é *ato administrativo* que inaugura a *fase externa da licitação*. Por meio dele, os interessados tomam conhecimento da licitação, e ficam sabendo ao respeito das *regras* do certame.[31]

144. As modalidades licitatórias, em geral, *estabelecidas na Lei 8.666/1993*, contêm *edital*, com exceção da modalidade *convite*; neste caso, a Administração expede *carta-convite* aos interessados, e afixa o instrumento no local de costume (art. 21 e §§).

145. Qualquer *modificação no instrumento convocatório*, quer quanto às *propostas*, quer quanto à *habilitação*, exige divulgação da mesma forma do texto original, "reabrindo-se o prazo inicialmente estabelecido, exceto quando, inquestionavelmente, a alteração não afetar a formulação das propostas *[ou das habilitações]*" (art. 21, § 4º).[32]

145-A. Passemos, neste momento, às *características* [fundamentais] das *espécies*, *tipos*, ou *modalidades*, de licitação.

4.2   Concorrência

4.2.1   Conceito

146. A *concorrência* "é a modalidade de licitação entre *quaisquer interessados* que, na *fase inicial de habilitação* preliminar, comprovem possuir os requisitos mínimos de *qualificação exigidos no edital* para execução de seu objeto" (art. 22, § 1º do Estatuto).

Assim, uma das características da concorrência é a *universalidade*: todos os concorrentes podem participar dela, desde que preencham os requisitos do edital.

---

31. Dispõe o *caput*, do art. 41 do Estatuto: "A Administração não pode descumprir as normas e condições do edital, ao qual se acham estritamente vinculadas". Parece evidente, assim também os particulares.

32. Quanto às formalidades do edital, ver, dentre outros, o art. 21 e §§ e o art. 40, do Estatuto.

4.2.2 Casos em que é adotada

147. Pelo teor da legislação, como regra, a *concorrência* deve ser adotada nas seguintes hipóteses:

(a) *compra* de bens *imóveis* (art. 23, § 3º);

(b) *alienação* de *imóveis* – assim como ocorre na *alienação de móveis* –, se o valor do bem *exceder aquele fixado para a tomada de preços*; caso contrário, ou seja, se não excedê-lo, deve-se adotar o *leilão* (art. 17, § 6º, c/c o art. 19, III, do Estatuto);[33]

(c) *concessões de serviços e obras públicos*, por força do art. 2º, I e II, da Lei 8.987, de 13.2.1995;

(d) *concessões de direito real de uso* (de bens públicos) – art. 23, § 3º;

(e) *Parcerias Público-Privadas*, modalidade de concessão, ante o teor do art. 10, da Lei 11.079, de 30.12.2004;

(f) contratos de *empreitada integral*;[34-35]

(g) licitações internacionais, com as ressalvas do citado art. 23, § 3º.[36]

---

33. Nesse sentido, Celso Antônio Bandeira de Mello, *Curso...*, cit., p. 574, e rodapé 31. Conforme já anotado, a nova redação do Decreto-lei 1.455, de 1976, determina, nos casos específicos de *mercadorias abandonadas, ou objeto de pena de perdimento* [*mercadorias estrangeiras apreendidas*], a adoção do *leilão, preferencialmente eletrônico* (art. 29, § 13, incluído pela Lei 12.715, de 2012).

34. "VIII – Execução indireta – a que o órgão ou entidade contrata com terceiros sob qualquer dos seguintes regimes: *(Redação dada pela Lei n. 8.883, de 1994)*(...); e) *empreitada integral* – quando se contrata um empreendimento em sua integralidade, compreendendo todas as etapas das obras, serviços e instalações necessárias, sob inteira responsabilidade da contratada até a sua entrega ao contratante em condições de entrada em operação, atendidos os requisitos técnicos e legais para sua utilização em condições de segurança estrutural e operacional e com as características adequadas às finalidades para que foi contratada."

35. Celso Antônio Bandeira de Mello, *Curso...*, cit., pp. 575 e 579. De fato, por conta da magnitude e da importância da execução indireta denominada *empreitada integral*, em que o particular realiza a obra, na sua *integralidade* (art. 6º, VIII, "e"), a *concorrência* é a modalidade licitatória mais apropriada ao desiderato da Administração; pois esse procedimento, além do caráter de *universalidade*, como se notou, contém a *qualificação* prévia dos interessados, em cada procedimento, bem como as fases procedimentais são distintas, plenamente identificadas – ao cabo de cada uma delas os direitos dos participantes podem ser amplamente discutidos.

36. Art. 23, § 3º: "A concorrência é a modalidade de licitação cabível, qualquer que seja o valor de seu objeto, tanto na compra ou alienação de bens imóveis, ressalvado o disposto no art. 19, como nas concessões de direito real de uso e nas licitações

(h) no caso de compras, quando adotado o *registro de preços*.[37]

4.2.3 Qualificação preliminar

148. Outra característica da *concorrência* é a *habilitação ou qualificação preliminar*, ou seja, esta ocorre na *fase inicial do de cada procedimento, após a abertura do certame (por edital)*.

Ao contrário, na *tomada de preços* e no *convite*, a habilitação ocorre, *de regra*, em fase anterior à instauração da fase externa da licitação.

Realmente, na *tomada de preços* há *cadastramento* dos interessados nos órgãos da Administração (registros cadastrais), para a qualificação;[38] já, no *convite*, como a própria Administração convida os interessados para participar do certame, a qualificação deles é *presumida*.

4.2.4 Pré-qualificação

4.2.4.1 – Noção

149. A lei admite a *pré-qualificação dos interessados*, especificamente nas concorrências, de acordo com o art. 114 do Estatuto:[39] por meio dela, a Administração faz *verificação prévia [isto é, antes da abertura do certame]* quanto à *qualificação* dos interessados de participar em *futuras concorrências*; somente os habilitados, nessas condições, poderão participar dos certames, apresentando as respectivas *propostas*.

Mas, os pré-qualificados consideram-se *inabilitados*, numa dada concorrência, se perderem a *idoneidade*.

internacionais, admitindo-se neste último caso, observados os limites deste artigo, a tomada de preços, quando o órgão ou entidade dispuser de cadastro internacional de fornecedores ou o convite, quando não houver fornecedor do bem ou serviço no País"*(Redação dada pela Lei n. 8.883, de 1994)*.

37. A concorrência [além do pregão, para aquisição de bens e serviços comuns] também deve ser adotada nas *compras*, quando a Administração adotar o *registro de preços* (art. 15, § 3º, I).

38. Deve-se rememorar; na tomada de preços, participam do certame os cadastrados, ou aqueles que requeiram o cadastramento *até o terceiro dia anterior à data do recebimento das propostas* (cf. art. 22, § 2º).

39. "Art. 114. O sistema instituído nesta Lei não impede a pré-qualificação de licitantes nas concorrências, a ser procedida sempre que o objeto da licitação recomende análise mais detida da qualificação técnica dos interessados. § 1º. A adoção do procedimento de pré-qualificação será feita mediante proposta da autoridade competente, aprovada pela imediatamente superior. § 2º. Na pré-qualificação serão observadas as exigências desta Lei relativas à concorrência, à convocação dos interessados, ao procedimento e à analise da documentação."

AS MODALIDADES FUNDAMENTAIS DE LICITAÇÃO

A *pré-qualificação* não se confunde com a *habilitação preliminar*, a qual se refere a *cada concorrência*, conforme se anotou antes.

4.2.4.2 – No RDC

150. Já, no *RDC*, de acordo com o art. 30, *caput*, I e II, da Lei 12.462/2011, a *pré-qualificação* compreende identificar (a) *fornecedores que reúnam condições de habilitação* exigidas para o fornecimento de bem ou a execução de serviço ou obra; e (b) *bens que atendam às exigências técnicas e de qualidade* da Administração Pública. O Regulamento da Lei 12.462, de 2011 (Decreto 7.581, de 2011), estabelece regras a respeito da pré-qualificação, no art. 80 e ss.

4.3 Tomada de preços

4.3.1 Conceito

151. A outra modalidade de licitação do Estatuto é a (b) *tomada de preços*, adotada para objetos de *vulto médio* (art. 23, I, "b" e II, "b"). Nos termos do art. 22, § 2º, é a "modalidade de licitação entre interessados *devidamente cadastrados* ou que atenderem a todas as condições exigidas para o *cadastramento até o terceiro dia anterior* à data do recebimento das propostas, observada a necessária *qualificação*".

Logo, ao contrário da concorrência, que tem o caráter de universalidade, a tomada de preços admite a participação apenas dos *cadastrados* nos registros de *qualificação* da Administração; ou aos que solicitarem o cadastramento [da qualificação], até o terceiro dia anterior à data do recebimento das propostas, numa dada licitação.[40]

4.3.2 Registros cadastrais

152. Os *registros cadastrais* têm previsão nos arts. 34 a 37 do Estatuto.[41] Por meio deles, a Administração detém informações necessárias dos interessados, quanto à qualificação, idoneidade, a fim de poderem participar de certames.[42]

---

40. Aliás, de acordo com o § 9º do citado art. 22, "a Administração somente poderá exigir do licitante não cadastrado os documentos previstos nos arts. 27 a 31, que comprovem habilitação compatível com o objeto da licitação, nos termos do edital".
41. O Decreto 3.722, de 9.1.2001, regulamenta o art. 34, da Lei 8.666/1993, e dispõe sobre o Sistema de Cadastramento Unificado de Fornecedores – Sicaf.
42. "Art. 34. Para os fins desta Lei, os órgãos e entidades da Administração Pública que realizem frequentemente licitações manterão registros cadastrais para

153. Os interessados devem manter atualizados os registros, e fornecer, à Administração, os elementos necessários para satisfazer as exigências de qualificação (arts. 27, 30 e 31); de outra parte, eles têm direito aos *certificados de registro cadastral* (art. 36, § 1º).

O certificado de registro cadastral *substitui os documentos de habilitação*, desde que tais informações estejam disponibilizadas em *sistema informatizado* de consulta direta indicado no edital (art. 32, § 2º, com redação da Lei 9.648/1998, e § 3º).

De acordo com Hely Lopes Meirelles,[43] o cadastro informatizado está apto para fornecer dados quanto à *habilitação jurídica e à regularidade fiscal* (habilitação genérica); mas quanto à *capacidade técnica e econômico-financeira* (habilitação específica) dificilmente teria condições, eis que estas variam de acordo com o objeto da licitação.[44]

153-A. O art. 19, II e III, da Constituição da República, veda entidades políticas recusarem fé aos documentos públicos, ou criarem distinções entre brasileiros ou preferências entre si. Logo, nada impede o interessado utilizar registro cadastral emitido por órgão ou entidade pública, de *qualquer esfera de governo*, como afirma Márcio dos Santos Barros.[45]

efeito de habilitação, na forma regulamentar, válidos por, no máximo, um ano. § 1º. O registro cadastral deverá ser amplamente divulgado e deverá estar permanentemente aberto aos interessados, obrigando-se a unidade por ele responsável a proceder, no mínimo anualmente, através da imprensa oficial e de jornal diário, a chamamento público para a atualização dos registros existentes e para o ingresso de novos interessados. § 2º. É facultado às unidades administrativas utilizarem-se de registros cadastrais de outros órgãos ou entidades da Administração Pública.

"Art. 35. Ao requerer inscrição no cadastro, ou atualização deste, a qualquer tempo, o interessado fornecerá os elementos necessários à satisfação das exigências do art. 27 desta Lei.

"Art. 36. Os inscritos serão classificados por categorias, tendo-se em vista sua especialização, subdivididas em grupos, segundo a qualificação técnica e econômica avaliada pelos elementos constantes da documentação relacionada nos arts. 30 e 31 desta Lei. § 1º. Aos inscritos será fornecido certificado, renovável sempre que atualizarem o registro. § 2º. A atuação do licitante no cumprimento de obrigações assumidas será anotada no respectivo registro cadastral.

"Art. 37. A qualquer tempo poderá ser alterado, suspenso ou cancelado o registro do inscrito que deixar de satisfazer as exigências do art. 27 desta Lei, ou as estabelecidas para classificação cadastral."

43. Ob. cit., p. 384.

44. No RDC, há previsão de registros cadastrais no art. 31, da Lei 12.462/2011; e também no Decreto 7.581/2011, arts. 45 a 50.

45. Ob. cit., p. 316.

No entanto, pensamos não ser necessária a indicação, no edital, quanto à possibilidade de os concorrentes utilizarem registro cadastral emitido por outro órgão de esfera de governo; pois, cuida-se de direito *assegurado no Texto Constitucional* (art. 19).

Assim, independentemente de constar essa possibilidade no edital, o interessado pode utilizar registro cadastral de esfera de governo diferente daquela que promove o certame.[46]

Finalmente, ainda que a entidade interessada (que promove o certame) possa estabelecer requisitos específicos à configuração dos dados cadastrais, eles não podem inviabilizar o direito assegurado no art. 19, da Constituição.

4.4 Convite

4.4.1 Conceito

154. Quanto ao *convite* (c), é a modalidade de licitação adotada para objeto de valores baixos, nos termos do art. 23, I, "a" e II, "a".

Dispõe o art. 22, § 3º:

> Convite é a modalidade de licitação entre interessados do ramo pertinente ao seu objeto, *cadastros ou não*, escolhidos e *convidados em número mínimo de 3 (três)* pela unidade administrativa, a qual afixará, em local apropriado, cópia do instrumento convocatório[47] e o *estenderá aos demais cadastrados* na correspondente especialidade que *manifestarem seu interesse com antecedência de até 24 (vinte e quatro) horas da apresentação das propostas* (g.n.).

154-A. Embora a lei seja omissa a respeito, mesmo os *não cadastrados* – assim como ocorre na tomada de preços –, podem manifestar interesse em participar do certame, desde que *requeiram o cadastramento* no prazo determinado em relação àquela modalidade de licitação (tomada de preços), isto é, três dias antes do recebimento das propostas. Observação – sempre escorreita – do preclaro Celso Antônio Bandeira de Mello.[48]

---

46. Ressalvamos a *regularidade fiscal*, quando atinente à esfera de *governo municipal* promotora do certame; a *regularidade fiscal municipal*, nas licitações nesse âmbito, tem pertinência específica ao órgão do *Município* que promove a disputa.
47. Assim convite não exige *publicação*; não há edital. Exige-se *divulgação* (afixação do instrumento em local apropriado da Administração).
48. *Curso...*, cit., p. 576.

155. Conforme o art. 22, § 7º, devido a limitações de mercado, ou por conta de manifesto desinteresse dos convidados, se *não for possível obter o número mínimo de licitantes*, "essas circunstâncias deverão ser devidamente *justificadas* no processo, sob *pena de repetição do convite*" (g.n.).

Nesse caso, a Administração *justifica, motiva*, diante da situação concreta, a falta de convidados interessados ao convite; e continua o expediente, o procedimento licitatório: abrem-se as *propostas* dos concorrentes, *inclusive se tiver havido apenas um* interessado. Se a proposta for satisfatória, ocorre *adjudicação do objeto* ao vencedor.

156. Além disso, para evitar conluios, em prejuízo da competitividade, o art. 22, § 6º dispõe:

> Na hipótese do § 3º deste artigo *[convite]*, existindo na *praça mais de três possíveis interessados*, a cada novo convite, realizado para objeto idêntico *ou assemelhado*, é *obrigatório* o convite a, *no mínimo, mais um interessado*, enquanto existirem cadastrados não convidados nas últimas licitações (art. 22, § 6º).

4.4.2 Comissão licitatória

157. A Comissão licitatória, de regra, é composta por três membros (art. 51, *caput*); contudo, no *convite*, como estabelece o § 1º, do art. 51, nas *pequenas unidades administrativas*, e em face da *exiguidade de pessoal*, a comissão "*poderá ser substituída por servidor formalmente designado pela autoridade competente*".

4.4.3 Instrumentos de pagamento

158. Finalmente, expõe Hely Lopes Meirelles, no convite, devido ao valor do objeto, o ajuste ocorre por simples ordem de execução, nota de empenho, de despesa, autorização de compra ou carta-contrato.[49-50]

---

49. Ob. cit., p. 385.
50. Dispõe o art. 62: "O instrumento de contrato é obrigatório nos casos de concorrência e de tomada de preços, bem como nas dispensas e inexigibilidades cujos preços estejam compreendidos nos limites destas duas modalidades de licitação, e facultativo nos demais em que a Administração puder substituí-lo por outros instrumentos hábeis, tais como carta-contrato, nota de empenho de despesa, autorização de compra ou ordem de execução de serviço. § 1º. A minuta do futuro contrato integrará sempre o edital ou ato convocatório da licitação. § 2º. Em 'carta contrato', 'nota de empenho de despesa', 'autorização de compra', 'ordem de execução de serviço' ou outros instrumentos hábeis aplica-se, no que couber, o disposto no art. 55 desta Lei. *(Redação dada pela Lei n. 8.883, de 1994)* § 3º. Aplica-se o disposto nos

4.5 Concurso

4.5.1 Conceito

159. O *concurso*[51] é o tipo de licitação no qual não se leva em conta o *valor do objeto* a ser licitado; pois, nos termos do art. 22, § 4º:

> Concurso é a modalidade de licitação entre *quaisquer interessados* para escolha de *trabalho técnico, científico ou artístico,* mediante a instituição de *prêmio ou remuneração aos vencedores,* conforme *critérios* constantes de *edital publicado* na imprensa oficial com antecedência mínima de 45 (quarenta e cinco) dias (g.n.).

159-A. Como se verifica desse dispositivo legal, *quaisquer interessados* participam do concurso. Porém, a regra deve ser analisada ante a necessidade de interesse público; haverá situações em que a participação poderá ser *restrita* a pessoas que detenham certas *qualificações.*[52]

4.5.2 Exaurimento

159-B. Exaure-se o concurso com a classificação dos trabalhos e o pagamento dos prêmios; a *execução* do projeto escolhido será objeto de *nova licitação,* sob a modalidade de concorrência, tomada de preços ou convite, para realização de obra ou execução de serviço.[53]

---

arts. 55 e 58 a 61 desta Lei e demais normas gerais, no que couber: I – aos contratos de seguro, de financiamento, de locação em que o Poder Público seja locatário, e aos demais cujo conteúdo seja regido, predominantemente, por norma de direito privado; II – aos contratos em que a Administração for parte como usuária de serviço público. § 4º. É dispensável o 'termo de contrato' e facultada a substituição prevista neste artigo, a critério da Administração e independentemente de seu valor, nos casos de compra com entrega imediata e integral dos bens adquiridos, dos quais não resultem obrigações futuras, inclusive assistência técnica."

51. De acordo com o art. 52, do Estatuto, o concurso deve ser *precedido de regulamento próprio,* expedido pela autoridade administrativa competente. Conforme o § 1º, esse regulamento deverá conter: I – a qualificação exigida dos participantes; II – as diretrizes e a forma de apresentação do trabalho; III – as condições de realização do concurso e os prêmios a serem concedidos. No caso de *projeto,* "o vencedor deverá autorizar a Administração a executá-lo, quando julgar conveniente" (§ 2º).

52. Conforme expõe Renato Geraldo Mendes (ob. cit., p. 172), o Tribunal de Contas da União admite a aplicação do *art. 114 do Estatuto (pré-qualificação)* no caso de *serviços técnicos profissionais,* desde que se garanta a aplicação do *princípio da igualdade entre os concorrentes.*

53. Renato Geraldo Mendes, ob. cit., p. 322; o *vencedor do projeto deverá autorizar* a Administração a executá-lo, quando esta julgar conveniente (art. 52, § 2º).

4.5.3 Comissão licitatória

160. Como o concurso público exige conhecimentos técnicos, às vezes específicos e de alta qualificação, a comissão será integrada por pessoas de reputação ilibada (óbvio) e *reconhecido conhecimento* da matéria, *servidores ou não* (art. 51, § 5º).

4.5.4 Inexigibilidade

161. Senão for caso de inexigibilidade (*inviabilidade de competição*: art. 13 c/c o art. 25), a contratação para prestação de serviços técnicos profissionais especializados deve ser precedida de licitação, *de preferência, na modalidade concurso* (art. 13, § 1º).

161-A. A nosso ver, há *discricionariedade administrativa*, na escolha da modalidade licitatória para a contratação, nesses casos; logo, existe *preferência pelo concurso*, isto é, se for *conveniente ao interesse público*. Ao adotar outra modalidade licitatória, a Administração deverá *motivar a escolha*. Assim, o Poder Público poderá adotar a *tomada de preços*, ou a *concorrência*, para contratação, por exemplo, de *serviços de engenharia*.[54]

4.6 Leilão

4.6.1 Características

162. Nos termos do art. 22, § 5º, o (e) leilão é utilizado, mediante participação de *quaisquer interessados*, para a *venda de bens móveis inservíveis* para a Administração, ou para a venda de *produtos legalmente apreendidos ou penhorados*; ou, ainda, para a *alienação de bens imóveis prevista no art. 19*; a quem oferecer o *maior lance, igual ou superior ao valor da avaliação*.

As regras fundamentais do *leilão* estão previstas no art. 53, do Estatuto:

---

54. Solução mais adequada, para Antônio Roque Citadini; afirma esse autor: "Os serviços de engenharia, via de regra, devem ser precedidos de licitação nas modalidades de concorrência ou tomada de preços, e nos tipos *[critérios de julgamento das propostas]* de 'melhor técnica' ou 'técnica e preço'. Em casos especiais que envolvam serviços de engenharia e arquitetura (especialmente projetos), a modalidade adequada é a de concurso, inclusive nas obras de menor sofisticação" (ob. cit., p. 97).

Art. 53. O leilão pode ser cometido a leiloeiro oficial ou a servidor designado pela Administração, procedendo-se na forma da legislação pertinente.

§ 1º. Todo bem a ser leiloado será previamente avaliado pela Administração para fixação do preço mínimo de arrematação.

§ 2º. Os bens arrematados serão pagos à vista ou no percentual estabelecido no edital, não inferior a 5% (cinco por cento) e, após a assinatura da respectiva ata lavrada no local do leilão, imediatamente entregues ao arrematante, o qual se obrigará ao pagamento do restante no prazo estipulado no edital de convocação, sob pena de perder em favor da Administração o valor já recolhido.

§ 3º. Nos leilões internacionais, o pagamento da parcela à vista poderá ser feito em até vinte e quatro horas. *(Redação dada pela Lei n. 8.883, de 1994).*

§ 4º. O edital de leilão deve ser amplamente divulgado, principalmente no município em que se realizará *(Incluído pela Lei n. 8.883, de 1994).*

4.6.2 Venda de móveis.
Alienação de mercadorias estrangeiras apreendidas

163. Além desses dispositivos, deve-se mencionar o art. 17, § 6º, especificamente, para a *venda de bens móveis* da Administração: "Para a venda de bens móveis avaliados, isolada ou globalmente, em quantia não superior ao limite previsto no art. 23, inc. II, alínea 'b', desta Lei, a Administração poderá adotar o *leilão*" (g.n.).

Logo, para a *venda de móveis inservíveis* do Poder Público – com a mesma razão, os *semoventes*, como animais –, se o valor destes *não ultrapassar o valor da tomada de preços*, estipulado na lei, para compras e serviços (exceto os de engenharia) – cf. art. 23, II, "b", adota-se o *leilão*. Ultrapassado referido valor, a Administração *deve* proceder à venda dos bens móveis por meio da *concorrência*. Idem quanto à *alienação de imóveis*.

163-A. No caso específico de *mercadorias estrangeiras apreendidas*, que tenham sido *abandonadas*, ou objeto de *pena de perdimento*, por força do § 13, do art. 29, do Decreto-lei 1.455, de 7.4.1976, incluído pela Lei 12.715, de 17.9.2012, c/c os arts. 28 e 29, *caput*, ambos do mesmo decreto-lei, com redação da Lei 12.250, de 2010, a Administração *deve adotar o leilão*, *preferencialmente* eletrônico.[55]

---

55. Na área federal, o *leilão eletrônico* está regulado nas *portarias MF 548, de 23.11.2009* (Ministério da Fazenda) *e RFB 2.206, de 11.11.2010* (Receita Federal).

163-B. Contudo, a Administração, em vez de *alienar as mercadorias estrangeiras apreendidas*, poderá: (a) *doá-las*, para *entidades sem fins lucrativos* [a licitação, neste caso, está *dispensada*; mas deve haver *prévia avaliação* – art. 17, *caput*, II, "a", da *Lei 8.666/1993*]; (b) *incorporá-las* ao patrimônio de órgão da administração pública [igualmente, não há necessidade de licitação]; (c) [*se for o caso,*] *destruí-las*, ou *inutilizá-las*.

Tudo conforme o art. 29, *caput*, incisos I, II, III e IV, do Decreto-lei 1.455, de 7.4.1976, com redação da Lei 12.350, de 2010.

163-C. No caso de *veículos*, serão expedidos novos certificados de registro e licenciamento, em favor do *adquirente da licitação*, ficando livres de multas, gravames, encargos, débitos fiscais e outras restrições financeiras e administrativas (§ 6º, do art. 29, do referido Decreto-lei, incluído pela Lei 12.350, de 2010).

Pois, multas, gravames, encargos e débitos fiscais serão de responsabilidade do *proprietário do veículo*, à época da prática da *infração punida com o perdimento* (§ 7º, do art. 29, incluído pela Lei 12.350, de 2010).

Finalmente, não haverá incidência de *tributos federais* sobre o valor da alienação, mediante licitação, das *mercadorias apreendidas* (§ 12 do art. 29, incluído pela Lei 12.350, de 2010).

4.6.3 Alienação de imóveis

164. Estabelece o art. 23, § 3º, do Estatuto:

> § 3º. A concorrência é a modalidade de licitação cabível, qualquer que seja o valor de seu objeto, tanto na compra ou alienação de bens imóveis, ressalvado o disposto no art. 19, como nas concessões de direito real de uso e nas licitações internacionais, admitindo-se neste último caso, observados os limites deste artigo, a tomada de preços, quando o órgão ou entidade dispuser de cadastro internacional de fornecedores ou o convite, quando não houver fornecedor do bem ou serviço no País *(Redação dada pela Lei n. 8.883, de 1994).*

Referido nesse dispositivo, dispõe o art. 19:

> Os *bens imóveis* da Administração Pública, cuja aquisição haja derivado de *procedimentos judiciais ou de dação em pagamento*, poderão ser *alienados* por ato da autoridade competente, observadas as seguintes regras: I – avaliação dos bens alienáveis; II – comprovação da necessidade

ou utilidade da alienação; III – adoção do procedimento licitatório, sob a modalidade de *concorrência ou leilão*.

164-A. Mediante a conjugação dos dispositivos (arts. 22, § 5º; 17, § 6º; 23, § 3º; e 19), pode-se concluir o seguinte: leilão é utilizado para *alienação* de *móveis ou imóveis* da Administração Pública, *restrito aos casos em que a avaliação dos bens não exceder o limite fixado para compras por tomada de preços* (art. 17, § 6º).[56] Ultrapassado esse patamar, deverá ser adotada a *concorrência*.[57]

---

56. Nesse sentido: Celso Antônio Bandeira de Mello, ob. cit., p. 574; e rodapé 31: "Com efeito, se tal limite *[valor da tomada de preços]* vigora para alienação de bens móveis (art. 17, § 6º), *a fortiori*, vigorará no caso de imóveis" (idem, ibidem, p. 569).

57. A questão não é pacífica, pois parte da doutrina entende que se deva adotar a *concorrência, independentemente do valor da contratação* – além da concessão de direito real de uso e das licitações internacionais, quando o órgão não possua cadastro de fornecedores –, nas compras ou nas *alienações* de *imóveis*, exceto, neste caso, para imóveis originários de pagamentos judiciais, os quais podem ser *alienados por leilão*. Nesse sentido, por exemplo: Antônio Roque Citadini, ob. cit., p. 154.

CAPÍTULO 3

O JULGAMENTO DAS PROPOSTAS

1. Generalidades: 1.1 Tipos de licitação; 1.2 Classificação; 1.3 Padrões quantitativos; 1.4 Critérios objetivos de julgamento; 1.5 Empate nas propostas; 1.6 Mais de uma proposta vencedora: 1.6.1 Na Lei 8.666/1993: licitações por itens e bens de natureza divisíveis: 1.6.1.1 Aspectos centrais. Fracionamento e execução parcial da obra ou serviço; 1.6.1.2 Qualificação dos concorrentes; 1.6.2 No RDC: execução do mesmo serviço; 1.7 Inabilitação de todos os concorrentes. Desclassificação de todas as propostas; 1.8 Desistência da proposta; consequências; 1.9 Recursos administrativos: 1.9.1 Na Lei 8.666/1993; 1.9.2 No RDC. 2. Critérios de julgamento: 2.1 Menor preço; 2.2 Melhor técnica e técnica e preço: 2.2.1 Regra básica; 2.2.2 Bens e serviços de informática; 2.2.3 Situações excepcionais: licitação de "grande vulto"; 2.2.4 Procedimento: melhor técnica; 2.2.5 Procedimento: técnica e preço; 2.3 Maior lance ou oferta. 3. Homologação e adjudicação: 3.1 Fases do procedimento (retomada); .3.2 Direito subjetivo ao contrato; 3.3 Representação à autoridade superior; 3.4 Revogação e invalidação do procedimento. Requisitos. O devido processo legal (e os consectários dele). 4. Comissão licitatória (e outras): 4.1 Natureza; 4.2 Espécies: permanente e especial; 4.3 Composição: 4.3.1 Considerações; 4.3.2 No RDC; 4.4 Impedimentos; 4.5 Responsabilidades: 4.5.1 Requisitos; 4.5.2 Exigência da culpa; 4.5.3 Ônus probatório; 4.5.4 Conclusão (parcial); 4.6 Outras comissões. Responsabilidades.

1. Generalidades

1.1 Tipos de licitação

165. O Estatuto Licitatório, no art. 45, § 1º, estipula os tipos de licitação; na verdade, critérios de *julgamento das propostas*.[1]

1. De menor preço, de melhor técnica, de técnica e preço; e de maior lance ou oferta, exclusivamente nos casos de alienação de bens ou concessão de direito real de uso (art. 45, § 1º, I, II, III e IV).

Assim, para melhor ilustrar a distinção entre *modalidade* de licitação e *critério de julgamento das propostas*, por exemplo, o tipo ou modalidade de *licitação tomada de preços* (art. 22, II), pode conter, como *critério de julgamento das propostas*, o menor preço, ou a melhor técnica, ou a técnica e preço (art. 45, § 1º, I, II e III). E assim, sucessivamente.

De toda forma, não é possível a utilização de outros critérios de julgamento das propostas, não previstos no citado art. 45, § 1º (cf. art. 45, § 5º).

1.2 Classificação

166. Em suma, propostas são *classificadas* (ordenação em vista das vantagens que oferece); ou *desclassificadas*, por não *atender aos requisitos do edital*,[2] serem inexequíveis, ou não serem sérias, condicionadas, ou conterem valores irrisórios etc. (cf. arts. 44, §§ 3º e 4º; 48, I e II).

1.3 Padrões quantitativos

167. A Administração Pública pode exigir *padrão quantitativo* das propostas: o art. 40, X do Estatuto [o dispositivo refere aos requisitos do edital] admite *preço máximo*; *mínimo, não*. No entanto, o art. 48, §§ 1º e 2º, aliás, ressalvado no citado art. 40, X, permite *piso de exequibilidade que resulta do conjunto das ofertas feitas*. A redação desses parágrafos é bastante confusa; por isso, transcrevem-se as *precisas conclusões* de Celso Antônio Bandeira de Mello:

> Em tema de inexequibilidade vale lembrar que o inciso X do art. 40 veda que no edital se estabeleçam preços mínimos (os quais cumpririam a função de piso de exequibilidade das propostas), mas, ao ressalvar o disposto nos §§ 1º e 2º do art. 48, termina por admitir que um piso de exequibilidade resulte do conjunto das ofertas feitas. Com efeito: no § 1º do art. 48 prefixa hipótese de inexequibilidade nos casos de licitação de menor preço de obras e serviços de engenharia. Sua redação é confusíssima, mas pode ser deslindada nos termos que segue: serão desclassificadas, *por inexequíveis*, propostas cujos valores fiquem abaixo do menor dos seguintes valores: ou abaixo de 70% do valor orçado pela Administração ou abaixo de 70% da média aritmética dos valores das propostas que excedam em 50% o valor orçado pela Administração; no § 2º estabelece que, se a

---

2. *Veja-se*: a proposta que não atende requisito contido no edital será *desclassificada*.

proposta *classificada* (portanto, que não infringiu este piso de 70%) ficou abaixo de um piso de 80%, para assinatura do contrato o licitante terá de oferecer uma garantia adicional, igual à diferença entre o valor determinado na forma do § 1º e o valor da correspondente proposta.³

Esses dispositivos, embora não muito claros, buscam *seriedade* das propostas, isto é, visam à *exequibilidade* delas.

1.4 Critérios objetivos de julgamento

168. Os critérios de análise das propostas, pela Comissão, devem ser, necessariamente, *objetivos*, garantindo-se o *princípio da igualdade* (art. 44, *caput* e § 1º); assim, não se pode considerar "oferta de vantagem não prevista no edital ou no convite, inclusive financiamentos subsidiados ou a fundo perdido, nem preço ou vantagem baseada nas ofertas dos demais licitantes" (art. 44, § 2º).Isso para a garantia da *competividade do certame*, e a *seriedade das propostas*.

168-A. No caso de proposta baseada em *proposta alheia* (art. 44, § 2º, parte final), como não pode ser considerada *séria*, ou *concreta*, ela deve ser rejeitada (*desclassificada*).

Contudo, se a proposta contiver apenas *vantagem não prevista* no edital, ou no convite (art. 44, § 2º, primeira parte), a Comissão pode *desprezar a vantagem* excessiva, isto é, não considerar, para a *classificação das propostas*, a vantagem não contida no instrumento convocatório.⁴

1.5 Empate nas propostas⁵

169. Tendo havido *empate nas propostas*, o Estatuto estabelece as seguintes soluções (*critérios de desempate*), conforme o art. 3º, § 2º:

§ 2º. Em igualdade de condições, como critério de desempate, será assegurada preferência, sucessivamente, aos bens e serviços:

I – *(Revogado pela Lei n. 12.349, de 2010)*

II – produzidos no País;

III – produzidos ou prestados por empresas brasileiras.

---

3. *Curso...*, cit., pp. 615-616, g.n.
4. Celso Antônio Bandeira de Mello, ob. cit., p. 618. Assiste-lhe razão, pois a Administração deve optar pelo caminho *que menos onere o particular*.
5. V., ainda: Seção I, Capítulo II, item I-h.3:*Princípio da igualdade*.

IV – produzidos ou prestados por empresas que invistam em pesquisa e no desenvolvimento de tecnologia no País *(Incluído pela Lei n. 11.196, de 2005)*.

Superada essa fase [aplicação do art. 3º, § 2º], se *persistir o empate*, proceder-se-á ao *sorteio*, na forma do art. 45, § 2º.[6]

169-A. Já, *microempresas e empresas de pequeno porte* – cujas definições estão no art. 3º, *caput*, da *Lei Complementar 123*, de 14.12.2006, que é o "Estatuto do Microempresário", regulamentada pelo Decreto 6.204, de 5.9.2007 – detêm algumas prerrogativas,[7] dentre elas, o *critério diferenciado de desempate das propostas nas licitações*. As regras encontram-se nos arts. 44 e 45.[8]

A Lei Complementar 147, de 7.8.2014, que introduziu modificações na Lei Complementar 123, de 2006, introduziu dois parágrafos no citado *art. 3º*, bem como o *art. 5º-A, da Lei 8.666/93*, nos seguintes termos:

Art. 3º. (...)

§ 14. As preferências definidas neste artigo e nas demais normas de licitação e contratos devem privilegiar o tratamento diferenciado e favorecido às microempresas e empresas de pequeno porte na forma da lei.

§ 15. As preferências dispostas neste artigo prevalecem sobre as demais preferências previstas na legislação quando estas forem aplicadas sobre produtos ou serviços estrangeiros. (...)

Art. 5º-A. as normas de licitações e contratos devem privilegiar o tratamento diferenciado e favorecido às microempresas e empresas de pequeno porte na forma da lei.

169-B. Contudo, não se pode confundir *critério de desempate das propostas* (acima) com o aspecto da *habilitação* do micro e pequeno em-

---

6. Lei 8.663/93, art. 45, § 2º: "No caso de empate entre duas ou mais propostas, e após obedecido o disposto no § 2º do art. 3º desta Lei, a classificação se fará, obrigatoriamente, por sorteio, em ato público, para o qual todos os licitantes serão convocados, vedado qualquer outro processo".

7. Essas, por assim dizer, prerrogativas, dos microempresários têm guarida constitucional; dispõe o art. 170, da CF: "A ordem econômica, fundada na valorização do trabalho humano e na livre iniciativa, tem por fim assegurar a todos existência digna, conforme os ditames da justiça social, observados os seguintes princípios: (...); IX – tratamento favorecido para as empresas de pequeno porte constituídas sob as leis brasileiras e que tenham sua sede e administração no País" (com redação da EC 6/1995).

8. Cf.: Seção I, Capítulo II, item I-h.3-2:*Preferência ao pequeno e microempresário nacional (LC 123/2006); extensão às cooperativas; extensão às obras*.

presário, especificamente quanto à *regularidade fiscal*; a Administração pode exigir esta apenas antes da assinatura do contrato.⁹

1.6 Mais de uma proposta vencedora

1.6.1 Na Lei 8.666/1993: licitações por itens e bens de natureza divisível

1.6.1.1 – *Aspectos centrais*. Fracionamento e execução parcial da obra ou serviço

170. Pode haver *mais de uma proposta vencedora*, quer no caso de *licitação por itens* [art. 23, § 1º], ou nas hipóteses do § 7º, do art. 23 (*compra de bens de natureza divisível*); nesses casos, *todas* as propostas (*vencedoras*, evidentemente) devem ser consideradas *vantajosas*.

Vejam-se os dispositivos pertinentes:

Art. 23. (...).

§ 1º. As obras, serviços e compras efetuadas pela Administração serão divididas em tantas parcelas quantas se comprovarem técnica e economicamente viáveis, procedendo-se à licitação com vistas ao melhor aproveitamento dos recursos disponíveis no mercado e à ampliação da competitividade sem perda da economia de escala. *(Redação dada pela Lei n. 8.883, de 1994)*

(...).

---

9. "Art. 42. Nas licitações públicas, a comprovação de regularidade fiscal das microempresas e empresas de pequeno porte somente será exigida para efeito de assinatura do contrato.

"Art. 43. As microempresas e empresas de pequeno porte, por ocasião da participação em certames licitatórios, deverão apresentar toda a documentação exigida para efeito de comprovação de regularidade fiscal, mesmo que esta apresente alguma restrição. § 1º. Havendo alguma restrição na comprovação da regularidade fiscal, será assegurado o prazo de 5 (cinco) dias úteis, cujo termo inicial corresponderá ao momento em que o proponente for declarado o vencedor do certame, prorrogável por igual período, a critério da Administração Pública, para a regularização da documentação, pagamento ou parcelamento do débito, e emissão de eventuais certidões negativas ou positivas com efeito de certidão negativa (redação da LC 147, de 2014). § 2º. A não regularização da documentação, no prazo previsto no § 1º deste artigo, implicará decadência do direito à contratação, sem prejuízo das sanções previstas no art. 81 da Lei n. 8.666, de 21 de junho de 1993, sendo facultado à Administração convocar os licitantes remanescentes, na ordem de classificação, para a assinatura do contrato, ou revogar a licitação."

§ 2º. Na execução de obras e serviços e nas compras de bens, parceladas nos termos do parágrafo anterior, a cada etapa ou conjunto de etapas da obra, serviço ou compra, há de corresponder licitação distinta, preservada a modalidade pertinente para a execução do objeto em licitação. *(Redação dada pela Lei n. 8.883, de 1994)*

(...).

§ 7º. Na compra de bens de natureza divisível e desde que não haja prejuízo para o conjunto ou complexo, é permitida a cotação de quantidade inferior à demandada na licitação, com vistas a ampliação da competitividade, podendo o edital fixar quantitativo mínimo para preservar a economia de escala. *(Incluído pela Lei n. 9.648, de 1998)*.

Fora dessas situações, se duas ou mais propostas forem iguais, ou seja, *classificada* sem primeiro lugar, proceder-se-á na forma do art. 45, § 2º: o sorteio.

170-A. No caso do art. 23, § 7º, no qual há *objeto divisível* (por exemplo, compra de açúcar) numa *única licitação* os interessados fazem *ofertas parciais*, e escolhem o quantitativo que lhes interessa.[10] Logo, serão selecionadas tantas *propostas quantas necessárias* até que se atinja a quantidade demandada na licitação (art. 45, § 6º).

Dessa forma, pode haver *mais de uma proposta vencedora na [mesma] licitação.*

Contudo, essa situação [descrita no art. 23, § 7º] não pode comprometer a *economia de escala*, pena de malferir a *eficiência* [economicidade, para alguns] administrativa. Pois, neste caso, a Administração pagará mais aos diversos interessados (vencedores) do que pagaria ao contratar *apenas um* deles para realizar *todo o objeto do contrato.*

170-B. Já, na *licitação por itens*, estabelecida no art. 23, § 1º [divisão do objeto em lotes], *em princípio*, haveria *vários procedimentos*, porque a "cada etapa ou conjunto de etapas da obra, serviço ou compra, *há de corresponder licitação distinta*" (art. 23, § 2º, g.n.); assim, as disputas ocorreriam em procedimentos diferentes, dos quais resultariam *contratos semelhantes.*

Entretanto, nada impede, num *único certame*, a Administração permitir propostas *para cada item*; e, ao cabo do procedimento, haveria a *proposta vencedora, mas por item.* É o caso dos materiais escolares (lápis, canetas, borracha etc.).

10. Marçal Justen Filho, ob. cit., p. 224.

Assim, certo licitante *pode participar de um ou mais itens*, em *licitações diferentes, ou no mesmo procedimento*. Por evidência, não pode haver perda da economia de escala.

170-C. A hipótese descrita no art. 23, § 1º é *dever* jurídico da Administração Pública; logo, se for *técnica e economicamente viável*, ela *deverá proceder à licitação por item*.[11]

170-D. Nesses casos, isto é, no *parcelamento ou fracionamento da licitação*, deve-se adotar a *modalidade licitatória do objeto licitado* (e não da unidade), assim, *considerado no todo*, conforme determina o § 2º, do art. 23.

170-E. Entretanto, explica Marçal Justen Filho, não se deve confundir fracionamento da licitação (acima) com *execução parcial* (*programação parcial*) do objeto de interesse da Administração. Naquela, o Poder Público opta por *pluralidade de contratos de valor mais reduzido*; ou seja, produzem-se vários contratos, cujo somatório é correspondente à satisfação das necessidades estatais.

Ainda, o *fracionamento*, de regra, é *obrigatório*, exceto se for inviável (econômica ou tecnicamente), nos termos do art. 23, §§ 1º e 2º; os objetos devem ser divididos em parcelas, à medida do interesse público, garantindo-se a *competitividade* dos licitantes.

170-F. Conforme expõe o citado autor paranaense, na *execução ou programação parcial*, há "redução da dimensão do objeto a ser executado, em face da Administração Pública, com a perspectiva de que a complementação ocorra no futuro".[12] Contudo, há *licitação para cada uma das etapas*, pois se contrata o que será, efetivamente, *executado*.

170-G. Ao contrário do *fracionamento*, a *execução parcial* só pode ser admitida em *situações especiais;* devido à incerteza, quanto à com-

---

11. Isso ocorre sobretudo quando há *diversidade de itens como objeto de única licitação*. Veja-se: "Prestação de serviços básicos de infraestrutura, compreendendo a manutenção de vias urbanas com o fornecimento de mão-de-obra, materiais e equipamentos para a realização da coleta de lixo e serviços correlatos no Município (....). O objeto licitado é amplo e diversificado, composto de itens distintos, o que requer para sua execução empresas de especialidades diversas" (TCE/MG, Licitação 627.765, rel. Cons. Moura e Castro, 3.10.2006) (cf. Renato Geraldo Mendes, ob. cit., p. 284).

12. Ob. cit., p. 118. Referido autor exemplifica o discrime; a execução de cem quilômetros de rodovias pode ser dividida em *lotes* de vinte quilômetros, contratados e executados simultaneamente (fracionamento); se o Poder Público resolver executar apenas vinte quilômetros, quando seria necessário realizar cem quilômetros, haverá programação parcial [execução parcial] (idem, ibidem).

plementação, a Administração deve ter em mira, como regra fundamental, a *execução integral* da obra ou serviço.[13]

1.6.1.2 – Qualificação dos concorrentes

171. Contudo, a *habilitação* dos concorrentes será exigida *à medida* dos itens, ou das unidades, ofertados por eles. Trata-se de aplicação do princípio da *proporcionalidade* (v. art. 37, XXI, parte final, da Constituição da República). Noutro dizer, a habilitação será *adequada* à participação [quantitativa ou por item].

1.6.2 No RDC: execução do mesmo serviço

172. No RDC, o art. 11, *caput*, da Lei 12.462, permite contratação de mais de uma empresa para *executar o mesmo serviço* = serviço idêntico (ex.: limpeza, vigilância, copeiras, garçom etc.). Isso, desde que: "I – o objeto da contratação puder ser executado de forma concorrente e simultânea por mais de um contratado [*objeto divisível*]; ou II – a múltipla execução for conveniente para atender à Administração Pública" (art. 11, *caput*). E não pode haver perda de economia de escala (art. 11, *caput*).

Há *vedação expressa* quanto aos *serviços de engenharia* (§ 2º do art. 11). Quanto às *compras*, devem-se adotar as regras *da Lei 8.666/1993 (Estatuto)*.

No exemplo de André Luiz Freire, na contratação de *serviços de vigilância* de prédio, nada impede mais de uma empresa executá-lo, desde que haja delimitação contratual da área de cada qual (objeto divisível).[14]

1.7 Inabilitação de todos os concorrentes.
Desclassificação de todas as propostas

173. De acordo com o art. 48, § 3º, do Estatuto, quando todos os concorrentes forem *inabilitados*, ou as *propostas desclassificadas*, a

---

13. "Art. 8º. A execução das obras e dos serviços deve programar-se, sempre, em sua totalidade, previstos seus custos atual e final e considerados os prazos de sua execução. Parágrafo único. É proibido o retardamento imotivado da execução de obra ou serviço, ou de suas parcelas, se existente previsão orçamentária para sua execução total, salvo insuficiência financeira ou comprovado motivo de ordem técnica, justificados em despacho circunstanciado da autoridade a que se refere o art. 26 desta Lei *(Redação dada pela Lei n. 8.883, de 1994)*."

14. "Regime Diferenciado de Contratações Públicas: Comentários ao art. 11 da Lei n. 12.462/2011", *Regime...*, cit., p. 113.

Administração *deverá* [a lei refere ao termo "poderá"] conceder o prazo de 8 (oito) dias para a apresentação de nova documentação (habilitação), ou de outras propostas; se for *convite*, faculta-se à Administração reduzir esse prazo para 3 (três) dias.

Não se cuida de faculdade do Poder Público; no caso, abre-se a oportunidade para os interessados escoimarem os vícios antes apresentados. Trata-se de aplicação do princípio do *devido processo legal* e o da *eficiência*, pois a necessidade da oportunizar a apresentação de novos documentos decorre de texto legal; e atende, ao mesmo tempo, à atuação escorreita, eficaz, da Administração, evitando abertura de novo certame.

1.8 Desistência da proposta. Consequências

174. Embora a *proposta* tenha prazo de 60 dias, como se deduz da regra do art. 64, § 3º,[15] *não cabe desistência* dela, após a *fase de habilitação*, salvo *motivo justo* decorrente de *fato superveniente e aceito* pela Comissão (art. 43, § 6º).

Quando a norma refere à *fase de habilitação*, tem em vista o exaurimento do percurso dela; inclusive, se for o caso, após decisão de *recurso administrativo* da habilitação/inabilitação (com efeito suspensivo – art. 109, § 2º).

174-A. Entretanto, o significado da letra da lei não pode levar a absurdos. Ninguém pode ser coagido, materialmente, a manter a proposta ofertada; não há, aqui, executoriedade da Administração. Por conta disso, o recalcitrante poderá apenas responder na seara *administrativa*, *sanções administrativas*,[16] e no âmbito *civil*, *responsabilidade civil* por danos à Administração. Remetemos o leitor para os comentários anteriormente feitos.[17]

---

15. "§ 3º. Decorridos 60 (sessenta) dias da data da entrega das propostas, sem convocação para a contratação, ficam os licitantes liberados dos compromissos assumidos."

16. Confira-se: "Art. 81. A recusa injustificada do adjudicatário em assinar o contrato, aceitar ou retirar o instrumento equivalente, dentro do prazo estabelecido pela Administração, caracteriza o descumprimento total da obrigação assumida, sujeitando-o às penalidades legalmente estabelecidas.

"Parágrafo único. O disposto neste artigo não se aplica aos licitantes convocados nos termos do art. 64, § 2º desta Lei, que não aceitarem a contratação, nas mesmas condições propostas pelo primeiro adjudicatário, inclusive quanto ao prazo e preço."

17. Cf. Seção III, Capítulo I, item III: *Desistência da proposta*.

1.9 Recursos administrativos

1.9.1 Na Lei 8.666/1993

175. Assim como ocorre na habilitação, o *recurso* administrativo das decisões proferidas no *julgamento das propostas* tem *efeito suspensivo* (art. 109, I, "b", e § 1º). Enquanto não houver *decisão administrativa final*, quanto ao recurso da decisão da classificação/desclassificação das propostas, o certame não prossegue.

1.9.2 No RDC

175-A. No RDC, a Lei 12.462/2011 instituiu *sistema recursal específico*, no art. 45: pedido de esclarecimento e impugnação ao instrumento convocatório (inc. I); recursos hierárquicos (inc. II) e representação, relativamente a atos de que não caibam aqueles (inc. III).

Entretanto, a nosso ver, a Lei 8.666/1993 aplica-se *subsidiariamente* ao RDC; "os instrumentos de impugnação nela previstos são aplicáveis subsidiariamente ao RDC, quando não houver conflito com o regramento específico".[18]

De acordo com esse entendimento, ao qual aderimos, recursos quanto à habilitação, inabilitação e julgamento das propostas têm efeito suspensivo (art. 109, § 2º, da Lei 8.666/1993).[19]

2. Critérios de julgamento

176. A Lei 8.666/1993 estabelece *critérios de julgamento das propostas* nas licitações, conforme segue:

2.1 Menor preço

O critério de *menor preço* tem as seguintes *regras fundamentais*:

(a.1) art. 45, § 1º, I: "a de menor preço – quando o critério de seleção da proposta mais vantajosa para a Administração determinar que será vencedor o licitante que apresentar a proposta de acordo com as especificações do edital ou convite e ofertar o menor preço";

(a.2) art. 45, § 3º. "No caso da licitação do tipo 'menor preço', entre os licitantes considerados qualificados a classificação se dará pela ordem

---

18. Alexandre Mazza, ob. e art. cits., p. 139.
19. Conforme posição do referido professor (idem, ibidem, p. 142).

crescente dos preços propostos, prevalecendo, no caso de empate, exclusivamente o critério previsto no parágrafo anterior. *(Redação dada pela Lei n. 8.883, de 1994)*."

Contudo, podem entrar no cálculo do menor preço considerações quanto ao rendimento do produto, às condições de pagamento, e demais dados importantes à Administração. Pensa diferente Diógenes Gasparini, para quem o menor preço deve ser analisado em *termos absolutos*: descreve-se melhor o bem desejado (art. 14) e atende-se à padronização (art. 15, I) e à marca (art. 7º, § 5º).[20]

176-A. O menor preço pode ser *global ou unitário*, estabelecido no edital (ou no convite).

(a) No *menor preço global*, considera-se o objeto licitado na sua *integralidade*, por exemplo, o preço para *obra ou serviço concluído*. Mesmo nesses casos, adverte Diógenes Gasparini,[21] a Administração deve solicitar a inclusão, na proposta, dos *preços unitários dos insumos*, para aquilatar o uso desses preços, no futuro, se houver, no contrato, *acréscimos ou supressões*.[22]

O saudoso professor adverte para o denominado "jogo da planilha".[23] Com efeito, concorrentes inescrupulosos (expressão nossa) podem atribuir a insumo, de *difícil demanda durante a execução* do objeto, um preço muito *menor*, em relação ao do mercado. Ao mesmo tempo, atribuem a outro insumo, que será *largamente demandado na execução* do contrato, um preço *excessivamente maior* que o do mercado. Ocorreria, portanto, *compensação de preços*, sem que essas operações influam no *preço global*.

Logo, *exemplo* do referido autor,[24] nas hipóteses de *acréscimos* [para a execução do contrato], o que, aliás, não é incomum, se o contratado *utilizar os insumos de maior preço*, a Administração terá prejuízos consideráveis, pois estariam *superfaturados*, devido à imoral e acintosa *fraude da compensação* (expressões nossas) dos valores unitários dos insumos.

(b) Quanto ao *menor preço unitário*, o Poder Público considera as planilhas e os preços *unitários* contidos nas propostas.

20. Ob. cit., p. 668.
21. Idem, ibidem, p. 676.
22. A respeito da *alteração dos contratos administrativos*: art. 65 da Lei 8.666/1993. Especificamente, os §§ 1º e 2º desse dispositivo, referem aos *acréscimos e supressões*.
23. Ob. cit., p. 677.
24. Idem, ibidem, mesma página.

2.2 Melhor técnica e técnica e preço

2.2.1 Regra básica

177. Os critérios de julgamento das propostas de *melhor técnica e técnica e preço* (art. 45, § 1º, II e III) são adotados para serviços de natureza predominantemente intelectual, como projetos, cálculos, fiscalização, supervisão, gerenciamento, engenharia consultiva, estudos técnicos (art. 46, *caput*).

2.2.2 Bens e serviços de informática

178. Quanto aos *bens e serviços de informática*, o § 4º, do art. 45, refere ao *critério de técnica e preço*; mas remete à Lei 8.248, de 23.10.1991, alterada pela Lei 10.176/2001.[25]

O citado § 3º, do art. 3º, da Lei 8.248/1991, com redação dada pela Lei 11.077, de 2004, admite a *modalidade licitatória pregão*, para a *aquisição de bens e serviços de informática e automação*, quando considerados *bens e serviços comuns* (art. 1º, parágrafo único da Lei 10.520, de 17.7.2002); o critério de *julgamento das propostas*, no *pregão*, como se sabe, é o de *menor preço*, e não o de técnica e preço.

178-A. Mas essa modalidade licitatória [pregão para a aquisição de bens e serviços comuns de informática], conforme os mesmos dizeres do mencionado § 3º, do art. 3º, da Lei 8.248/1991, com redação dada pela Lei 11.077/2004, restringe-se às empresas que *cumpram o Processo Produtivo Básico*, consubstanciado na citadas Leis 8.248/1991 e 8.387, de 30.12.1991.[26]

2.2.3 Situações excepcionais: licitação de "grande vulto"

179. Ainda a respeito dos tipos de julgamento das propostas *melhor técnica e técnica e preço* poderão ser adotados, a critério da Administração Pública, *excepcionalmente*, para "*fornecimento de bens e execução de obras ou prestação de serviços* de *grande vulto* majoritariamente de-

---

25. Dispõe o art. 45, § 4º: "§ 4º. Para contratação de bens e serviços de informática, a administração observará o disposto no art. 3º da Lei n. 8.248, de 23 de outubro de 1991, levando em conta os fatores especificados em seu § 2º e adotando obrigatoriamente o tipo de licitação 'técnica e preço', permitido o emprego de outro tipo de licitação nos casos indicados em decreto do Poder Executivo" *(Redação dada pela Lei n. 8.883, de 1994)*.

26. Ao respeito do PPB: Seção I, Capítulo II, item V: *Licitação restrita a bens e serviços nacionais*.

pendentes de tecnologia nitidamente sofisticada e de domínio restrito", atendidos os requisitos do art. 46, § 3º.[27]

Obras, serviços e compras de *grande vulto*, conforme a definição do art. 6º, V do Estatuto, são aqueles cujo valor estimado seja superior a 25 (vinte e cinco) vezes o limite estabelecido para a *concorrência* (art. 23, I, "c").

2.2.4 Procedimento: melhor técnica

180. O tipo de julgamento de *melhor técnica* tem as regras básicas estatuídas no art. 46, § 1º, I, II, III e IV.

Assim, explica Celso Antônio Bandeira de Mello, o *ato convocatório* (edital ou convite) indica o *preço máximo a ser admitido nas propostas e o índice de valorização técnica mínima* para a *aceitação delas*.[28]

Essa *valoração técnica mínima* chega-se por meio do cálculo da média das notas atribuídas pela comissão, dentro de *escalas de valores* explicitadas no edital, aos fatores considerados.[29]

Resumidamente, o procedimento é este.

(a) Abrem-se, a princípio, os *envelopes da técnica*; *desclassificam--se* as propostas que não obtiverem a técnica mínima do edital, ou outros dados exigidos nele. Da decisão que desclassifica a proposta, cabe recurso, com efeito suspensivo. Somente depois de superada esta fase [inclusive com o julgamento de eventual recurso], passar-se-á à análise dos *envelopes dos preços*.

(b) Assim, abrem-se os envelopes dos preços (denominados *comerciais*), fazendo a respectiva *classificação*, na ordem das vantagens que oferece (menor preço). Também aqui, cabe recurso, com efeito suspensivo.

---

27. Art. 46, § 3º: "Excepcionalmente, os tipos de licitação previstos neste artigo poderão ser adotados, por autorização expressa e mediante justificativa circunstanciada da maior autoridade da Administração promotora constante do ato convocatório, para fornecimento de bens e execução de obras ou prestação de serviços de grande vulto majoritariamente dependentes de tecnologia nitidamente sofisticada e de domínio restrito, atestado por autoridades técnicas de reconhecida qualificação, nos casos em que o objeto pretendido admitir soluções alternativas e variações de execução, com repercussões significativas sobre sua qualidade, produtividade, rendimento e durabilidade concretamente mensuráveis, e estas puderem ser adotadas à livre escolha dos licitantes, na conformidade dos critérios objetivamente fixados no ato convocatório".

28. *Curso...*, cit., p. 620.

29. Diógenes Gasparini, ob. cit., p. 678.

(c) A seguir, a Administração Pública *negociará com o melhor classificado da técnica* para que aceite a *proposta de melhor preço* (menor preço), ou seja, aceite o valor consignado na melhor proposta quanto ao preço. Se aquele não aceitar a negociação, a Administração convoca o segundo colocado da técnica, para que aceite o menor preço, e assim, sucessivamente.

181. Em última análise, é possível o concorrente, que tenha obtido a *última classificação na técnica*, vencer o certame, pois a base, *quanto ao preço*, é o *menor valor das propostas comerciais classificadas*.

2.2.5   Procedimento: técnica e preço

182. Já, no critério de *técnica e preço* (art. 46, § 2º, I e II), o procedimento é o mesmo, com a seguinte observação: a classificação final ocorre de acordo com a *média ponderada* [aritmética] das valorizações das propostas técnica e preço, de acordo com os *pesos e os critérios adotados no ato convocatório*. Assim, se a Administração deseja algo acentuado à *técnica*, estabelecerá, no edital, maior peso a esse item, em detrimento do preço; ao revés, se a técnica for secundária, deverá conferir maior peso ao *preço*.

2.3   *Maior lance ou oferta*

183. O *maior lance ou oferta* é o critério de julgamento das propostas, em ordem decrescente, para a *alienação* de bens, *outorga onerosa* de concessões e permissões de uso de bens ou serviços públicos;[30] e para locação, em que a Administração for *locadora*.[31] O vencedor será aquele que oferecer a *maior oferta*.

3. Homologação e adjudicação

3.1   Fases do procedimento (retomada)

184. O *procedimento administrativo* denominado *licitação* tem, *basicamente*, as seguintes fases (*externas*, com participação dos interessados):[32]

30. No caso de concessão – e permissão – de *serviços públicos*, o critério de julgamento da licitação poderá ser, *dentre outros*, "a maior oferta, nos casos de pagamento ao poder concedente pela outorga da concessão" (art. 15, II, da Lei 8.987, de 13.2.1995, com redação da Lei 9.648, de 27.5.1998).

31. Diógenes Gasparini, ob. cit., p. 671.

32. Estabelece o art. 38: "O procedimento da licitação será iniciado com a abertura de processo administrativo, devidamente autuado, protocolado e numerado, con-

(a) edital/convite; (b) qualificação ou habilitação dos proponentes; (c) classificação das propostas; (d) homologação e adjudicação.[33]

As três fases ("a", "b" e "c") são realizadas por *Comissão Licitatória*,[34] que é órgão colegiado, *presidida* por um de seus membros – o Presidente da Comissão é, inclusive, *autoridade coatora*, para fim de ação de mandado de segurança.[35]

184-A. Após essas fases (edital, qualificação, classificação), outra autoridade,[36] que não integrou a Comissão, analisa todo o procedimento, podendo *homologá-lo* (*homologação*), ao cabo do qual a mesma autoridade (e) *adjudicará* (*adjudicação*) o objeto da licitação ao vencedor.

Porém, essa autoridade, em vez de homologar o procedimento, poderá *infirmá-lo, anulando-o, total ou parcialmente*. Ou, ainda, poderá *revogá-lo*, por motivo de conveniência e oportunidade.[37] Também poderá determinar *diligências sanáveis*.

185. *Homologação* é o ato administrativo pelo qual a autoridade superior *confirma* (confere eficácia) o procedimento (art. 43, VI).

tendo a autorização respectiva, a indicação sucinta de seu objeto e do recurso próprio para a despesa, e ao qual serão juntados oportunamente: I – edital ou convite e respectivos anexos, quando for o caso; II – comprovante das publicações do edital resumido, na forma do art. 21 desta Lei, ou da entrega do convite; III – ato de designação da comissão de licitação, do leiloeiro administrativo ou oficial, ou do responsável pelo convite; IV – original das propostas e dos documentos que as instruírem; V – atas, relatórios e deliberações da Comissão Julgadora; VI – pareceres técnicos ou jurídicos emitidos sobre a licitação, dispensa ou inexigibilidade; VII – atos de adjudicação do objeto da licitação e da sua homologação; VIII – recursos eventualmente apresentados pelos licitantes e respectivas manifestações e decisões; IX – despacho de anulação ou de revogação da licitação, quando for o caso, fundamentado circunstanciadamente; X – termo de contrato ou instrumento equivalente, conforme o caso; XI – outros comprovantes de publicações; XII – demais documentos relativos à licitação. Parágrafo único. As minutas de editais de licitação, bem como as dos contratos, acordos, convênios ou ajustes devem ser previamente examinadas e aprovadas por assessoria jurídica da Administração" *(Redação dada pela Lei n. 8.883, de 1994).*

33. A questão quanto à sequência das fases da homologação e adjudicação é polêmica. Há entendimento de que primeiro ocorre a *adjudicação*; depois, a *homologação*. Aliás, a Lei 8.666/1993, a respeito, é incongruente; no art. 38, VII (acima) refere à adjudicação e homologação; no art. 43, VI, inversamente, à homologação e adjudicação.

34. Sobre Comissão Licitatória e outras comissões: *infra, item IV*.

35. Heraldo Garcia Vitta, *Mandado de Segurança*, p. 45.

36. A partir do instante em que essa autoridade participa do certame, torna-se *autoridade coatora*, para fim de ação de mandado de segurança (Heraldo Garcia Vitta, idem, ibidem, mesma página).

37. Quanto à *invalidação e revogação da licitação*: item "d", *infra*).

186. Na *adjudicação*, última fase do processo, a mesma autoridade que o homologou, *atribui ao vencedor o objeto da licitação*. É ato administrativo formal, em que se proclama o vencedor.

Após a adjudicação, o vencedor deve assinar o contrato, sob pena de responsabilidade (civil, por danos, e administrativa).[38]

3.2 Direito subjetivo ao contrato

187. A doutrina costuma dizer: o vencedor do certame *não tem* direito [subjetivo] ao *contrato*.

Contudo, pensamos de forma diferente. Os interessados, concorrentes, têm *direito subjetivo* ao *procedimento* (art. 4º, *caput*); assim, percorrem todas as fases, participam delas, com gastos de tempo e de dinheiro.

O *devido processo legal* impõe à Administração a observância do procedimento estatuído na Lei 8.666/1993; iniciado, a rigor, o procedimento deve ter seu término; a Administração deve esmerar-se para que o procedimento chegue ao *termo final*.

Trata-se de aplicação do *princípio da oficialidade*, segundo o qual o Poder Público tem *dever jurídico* de dar sequência ao procedimento administrativo, desde que este não seja de interesse *exclusivo* do particular, como é o caso da licitação, que é realizada no interesse da Administração.

Além disso, a *revogação* e a invalidação do procedimento licitatório só são cabíveis se estiverem presentes os requisitos do *art. 49* (*infra*).

Numa interpretação sistemática, essas duas situações (indicadas nos arts. 4º e 49) interligam-se, e evidenciam, a nosso ver, a existência de *direito subjetivo da melhor proposta (vencedor) ao contrato*. Veremos as consequências e limites dessas afirmações.[39]

---

38. Dispõe o art. 81 do Estatuto: "Art. 81. A recusa injustificada do adjudicatário em assinar o contrato, aceitar ou retirar o instrumento equivalente, dentro do prazo estabelecido pela Administração, caracteriza o descumprimento total da obrigação assumida, sujeitando-o às penalidades legalmente estabelecidas. Parágrafo único. O disposto neste artigo não se aplica aos licitantes convocados nos termos do art. 64, § 2º, desta Lei, que não aceitarem a contratação, nas mesmas condições propostas pelo primeiro adjudicatário, inclusive quanto ao prazo e preço".

39. V. *infra*: d) Revogação e invalidação do procedimento; requisitos; o devido processo legal (e os consectários dele).

3.3 Representação à autoridade superior

188. Contra a homologação e adjudicação cabe *representação* à autoridade superior [incabível *recurso hierárquico*, art. 109, II], no prazo de cinco dias, com efeito meramente *devolutivo*. Porém, a autoridade que recebê-la pode conferir-lhe *efeito suspensivo, motivadamente e presentes razões de interesse público* (art. 109, § 2º, parte final).

3.4 Revogação e invalidação do procedimento. Requisitos.
O devido processo legal (e os consectários dele)

189. A revogação da licitação tem previsão legal (art. 49, do Estatuto);[40] trata-se de norma que limita, contende, a *discricionariedade administrativa*, pois, sabe-se, os *critérios de revogação* de atos administrativos são *conveniência* e oportunidade.

Já, quanto à *nulidade* (invalidação) da licitação, pode ocorrer mesmo após a assinatura do contrato com o vencedor; conforme o § 2º, do art. 49, "a nulidade do procedimento licitatório *induz à do contrato* (...)" (g.n.). Pois, a licitação, como regra, é *pressuposto* do contrato.

189-A. *Revogação*. Em face dos termos do art. 49, os requisitos à *revogação* são os seguintes (*concomitantes*): (a) a autoridade que detém *competência para aprovação do procedimento* (homologação) poderá *revogá-lo*;[41] (b) deve haver *razões de interesse público* decorrente de *fato superveniente* [à instauração do certame] *devidamente comprovado*, pertinente e *suficiente* [princípio da proporcionalidade] para *justificar* a revogação [princípio da motivação]; (c) é necessário *contraditório e ampla defesa prévia*, dos interessados, isto é, estes *devem* ser ouvidos, *antes da decisão administrativa*. Assim observa-se o *princípio do devido processo legal* (art. 5º, LIV e LV).[42]

189-B. Com efeito, nada adianta a Administração intimar os interessados somente após a tomada da decisão, ou seja, depois de revogar, ou invalidar, o processo. Isso seria contraproducente, em vista do princípio da economia processual, e violaria o princípio da segurança jurídica.

---

40. Esse dispositivo cuida também da nulidade da licitação. Além disso, as regras do art. 49, como determina o § 4º desse artigo, aplicam-se aos atos do procedimento de *dispensa e de inexigibilidade de licitação*.

41. Todavia, nada impede autoridade superior revogar o procedimento.

42. Esses apontamentos, referidos na alínea "c", aplicam-se à *revogação* e à *invalidação* (total ou parcial) do procedimento.

A rigor, não haveria *ampla defesa* e *contraditório*, se esta pudesse ser efetivada somente depois do desfazimento do processo. Finalmente, a lei deseja *oitiva prévia* dos interessados, para assegurar-lhes oportunidade de manifestação, antes da revogação, ou invalidação, do procedimento.[43]

Em sentido contrário, o eminente José dos Santos Carvalho Filho; segundo este competente autor, nada impede a Administração, *primeiro, desfazer o ato*; depois, comunicar os interessados, para o exercício do contraditório e ampla defesa.[44]

190. Quanto à *indenização* (sentido amplo) ao concorrente, que tenha tido prejuízos, por conta da *revogação* do procedimento, devem ser feitas distinções:

(a) no caso de *revogação lícita* (cumprimento do art. 49), deve haver, a cargo da Administração, o *ressarcimento das despesas* realizadas pelos concorrentes, que não tenham sido *desqualificados*, ou cujas propostas não hajam sido *desclassificadas*. Se já houver *vencedor* do certame, apenas este deverá ser ressarcido das despesas;

(b) na hipótese de *revogação ilícita*, com maior razão, a Administração deve ressarcir as despesas dos interessados habilitados, ou cujas propostas tenham sido classificadas; contudo, se houver *vencedor*, este será *indenizado*, com *perdas e danos (efetivos)*.[45]

190-A. Ademais, mesmo na revogação lícita, ainda que não tenha sido *proclamado o vencedor*, os concorrentes, *que não tiveram sido alijados do certame*, podem pleitear, perante o Judiciário, *indenização*, decorrente da *perda de chance*.

No Direito francês, embora estudado no tema da *responsabilidade civil da Administração*, conforme expõem Laubadère, Gaudemet e Venezia, a jurisprudência [administrativa francesa] admite o prejuízo,

---

43. Nessa linha, especificamente quanto ao *processo administrativo federal*, em sede de *recurso*, estabelece o art. 64, da Lei 9.784, de 29 de janeiro de 1999: "O órgão competente para decidir o recurso poderá confirmar, modificar, anular ou revogar, total ou parcialmente, a decisão recorrida, se a matéria for de sua competência. Parágrafo único. Se da aplicação do disposto neste artigo puder decorrer gravame à situação do recorrente, este deverá ser cientificado para que *formule suas alegações antes da decisão*" (g.n.).

44. *Manual de Direito Administrativo*, p. 296.

45. No RDC, o art. 28, III, da respectiva lei, apenas índica a possibilidade de a autoridade revogar a licitação. Contudo, a nosso ver, aplicam-se os dispositivos da Lei 8.666/1993, subsidiariamente; os requisitos são os mesmos: aquelas indicados no art. 49 desta legislação.

ou *dano, futuro*, não apenas quando *inevitável*, mas igualmente quando houver *chances sérias de realização*.[46]

O mesmo *raciocínio* pode ser feito no caso de *revogação* [e da *invalidação*] da licitação; assim, podem os concorrentes, a *depender do caso concreto*,[47] ser indenizados, devido à *perda de chance séria de vencer o certame*.

191. Invalidação. O notável doutrinador Oswaldo Aranha Bandeira de Mello enuncia, dentre os *princípios informadores da licitação*, o da *legitimidade*, no qual a Administração deve observar o *regime jurídico* da licitação, ou seja, as normas e preceitos que a regem, sob pena de nulidade, *total, ou parcial*, desde que haja *danos* à Administração, ou aos interessados, em face da conhecida expressão francesa *pas de nullité sans grief*.[48]

191-A. Assim, a Administração deve obediência à *lei e ao Direito*, ou seja, ao conjunto de *normas e princípios* da ordenação normativa. Como expõe Ricardo Marcondes Martins, "deve a Administração não só cumprir a lei, mas, sobretudo, a *Constituição*".[49]

Cuida-se do propalado *princípio da juridicidade*, pelo qual o Poder Público deve cumprir todos os *princípios e valores* norteadores do sistema jurídico, especialmente os contidos na Carta Magna.

192. O art. 49, do Estatuto, estabelece algumas regras quanto à *invalidação* da licitação: (a) somente a autoridade competente para aprovar o procedimento poderá decretá-la;[50] (b) pode ser de ofício, ou mediante requerimento (o que óbvio); (c) *pressupõe* (1) *prévio* [para nós] contraditório e ampla defesa, mediante a oitiva dos interessados, *antes* da decisão da Administração, e (2) *parecer* escrito e *fundamentado*.

192-A. O parecer, escrito e fundamentado deve ser de autoridade com competência para atuar na área jurídica da Administração; ou seja,

---

46. Os autores citam vários julgados; *chances sérias de*: nomeação ou promoção de funcionários; cura de doença, obtenção de exoneração fiscal; êxito de um dado concurso (*Traitè de Droit Administratif*, t. I, pp. 948-949). De acordo com Sílvio de Salvo Venosa, citando Noronha, é o "grau de probabilidade é que fará concluir pelo montante da indenização" (*Direito Civil – Responsabilidade Civil*, p. 42).

47. Com efeito, uma ação dessa espécie está ligada *às fases do procedimento*; por exemplo, se já ocorreu a classificação das propostas, maior a possibilidade de o concorrente demonstrar a perda da chance.

48. Ob. cit., p. 37.

49. *Efeitos dos Vícios do Ato Administrativo*, p. 144 (g.n.).

50. Nada impede autoridade superior fazê-lo.

os respectivos procuradores, ou outras autoridades (de atuação na área jurídica da entidade), com incumbência para proferir *pareceres jurídicos*.

192-B. No entanto, a Administração deve procurar manter o procedimento; se for o caso, *convalidá-lo*,[51] desde que seja possível, isto é, não contiver *vício insanável*.[52]

Adílson Abreu Dallari e Sérgio Ferraz afirmam:

> De regra, deve-se evitar, até em homenagem ao *valor da segurança jurídica*, a invalidação de ofício do ato administrativo viciado ou irregular. E, mesmo quando haja impugnação do interessado, a *convalidação deve ser perseguida*, desde que a ela não se contraponham o princípio finalístico e o interesse público (dentre outros valores). Por óbvio, assim não se há de dar com atos cujas máculas se revelam de tal gravidade e monta que se apresentam *absolutamente inadmissíveis* pelo ordenamento jurídico.[53]

Portanto, a Administração somente invalidará o ato quando não for possível *convalidá-lo*; vale dizer, se não contiver vícios jurídicos *insanáveis*, que maculem o *procedimento*, de forma inarredável atinja *direitos dos concorrentes*, ou o *interesse público*.

193. Quanto à *indenização, no caso de nulidade do procedimento licitatório*, se o *contratado* estava de *boa fé*, isto é, não conhecia o vício, e nem concorreu para a eclosão dele, há duas ordens de casos: decretada nulidade, *durante a execução do contrato*, deve haver pagamento ao contratado daquilo já *executado*, e de *outros prejuízos comprovados*, nos termos do parágrafo único do art. 59 do Estatuto.[54]

---

51. Na *convalidação*, neste caso, a Administração edita *novo ato, com efeitos retroativos*, expungindo os *vícios de legalidade* contidos no ato originário.

52. Atos *nulos* não comportam convalidação; *anuláveis*, sim, como os meramente *irregulares* (erros de forma, por exemplo). Heraldo Garcia Vitta, "Invalidação dos atos administrativos", *Revista TRF – 3ª Região*, vol. 60, jul.-ago. 2003. A eminente Weida Zancaner arrola hipóteses de *atos convalidáveis e atos inconvalidáveis*, no excelente livro *Da Convalidação e da Invalidação dos Atos Administrativos*, pp. 85 e ss., Malheiros Editores. V., também, a muito boa monografia do citado professor Ricardo Marcondes Martins (*Efeitos dos Vícios do Ato Administrativo*, pp. 278 e ss., Malheiros Editores).

53. *Processo Administrativo*, pp. 46-47.

54. "Art. 59. A declaração de nulidade do contrato administrativo opera retroativamente impedindo os efeitos jurídicos que ele, ordinariamente, deveria produzir, além de desconstituir os já produzidos.

"Parágrafo único. A nulidade não exonera a Administração do dever de indenizar o contratado pelo que este houver executado até a data em que ela for declarada

Nesse sentido, o teor do § 1º, do art. 49, segundo o qual "a anulação do procedimento licitatório por motivo de ilegalidade não gera obrigação de indenizar, *ressalvado o disposto no parágrafo único do art. 59 desta Lei*".

194. Contudo, a indenização deve ser ampla, ou seja, incluir as *perdas efetivas* que o vencedor teve (perdas e danos). Trata-se de solução que advém da *presunção de legitimidade dos atos administrativos* e do *princípio da segurança jurídica* e de seu correlato, o da *boa-fé* nas relações jurídicas.[55]

Já, decretada nulidade (invalidação) do procedimento licitatório, *antes da execução do contrato*, a Administração deve pagar aos *concorrentes de boa-fé*, e que estejam na competição no momento da decretação da nulidade (não tenham sido *desqualificados*, ou cujas propostas não tenham sido *desclassificadas*), as *despesas* que realizaram; e, ao *vencedor*, a indenização por *perdas e danos (efetivos)*.[56-57]

194-A. Quanto às *perdas e danos* (sempre efetivas), na *revogação e na invalidação*, deve haver demonstração dos prejuízos sofridos pelo interessado, isto é, a *evidência, comprovada*, dos danos sofridos, especialmente quanto aos *lucros cessantes*. Nesse sentido, o trabalho de Jacintho de Arruda Câmara, embora trazendo à baila a *invalidação* dos contratos.[58]

e por outros prejuízos regularmente comprovados, contanto que não lhe seja imputável, promovendo-se a responsabilidade de quem lhe deu causa."

55. Os atos praticados pela Administração *presumem-se* legítimos, escorreitos, até prova contrária; quanto à *segurança jurídica*, a Administração deve zelar pela estabilidade das relações sociais; já, a boa-fé, jungida à segurança jurídica, realça, justamente, a presunção de que os atos realizados pelo Estado, no *liame jurídico com o particular*, são havidos como legítimos; o Estado, inclusive, deve "*proteger* os cidadãos nas suas relações com o Estado" (Heraldo Garcia Vitta, *Aspectos*..., cit., pp. 95-96, grifo não original).

56. Também na *invalidação* do procedimento pode haver indenização aos concorrentes [de boa-fé], por *perda de uma chance*.

57. Pois, invalidado o contrato, está-se diante de *fato jurídico*. A responsabilidade é extracontratual (Lúcia Valle Figueiredo, *Curso de Direito Administrativo*, p. 560). Jacintho de Arruda Câmara expõe: "A responsabilidade derivada de contrato inválido está inserida na classe da responsabilidade patrimonial extracontratual do Estado. *Ela tem como fim exclusivo a recomposição do dano, sendo esta sua razão maior de existir*" (*Obrigações do Estado Derivadas de Contratos Inválidos*, p. 132, grifos originais).

58. "Portanto, haverá lucro cessante se for demonstrado que, em virtude da celebração do negócio inválido, o ex-contratado deixou de auferir lucro (...). Assim,

4. Comissão licitatória (e outras)

4.1 Natureza

195. A *Comissão Licitatória* é órgão [ou organização administrativa],[59] coletivo, ou colegiado, incumbido de decidir questões de relevância na licitação.

Assim, as manifestações (votos) dos integrantes da comissão são a "vontade" do *órgão*, prevalecendo, portanto, a *maioria*, considerada "vontade" do *colegiado* (inteiro). Palavras de Renato Alessi.[60]

195-A. A *comissão de licitação* tem natureza de *administração ativa* (e não, meramente, consultiva, como os pareceres), pois ela *decide*, efetivamente, as diversas situações que lhes são submetidas. Cabíveis, portanto, recursos administrativos, bem como impetração de *mandado de segurança*; autoridade coatora é o *Presidente da Comissão*.

4.2 Espécies: permanente e especial

196. Dispõe o *caput* do art. 51, do Estatuto:

A *habilitação* preliminar, a inscrição em *registro cadastral*, a sua alteração ou cancelamento,[61] e as *propostas* serão *processadas e julgadas* por comissão *permanente ou especial* de, no *mínimo*, 3 (três) membros, sendo pelo menos 2 (dois) deles *servidores qualificados* pertencentes aos *quadros permanentes dos órgãos* da Administração responsáveis pela licitação (g.n.).

pode ser que a invalidação de um contrato provoque ou não lucro cessante, dependendo das peculiaridades de natureza fática a circundá-la" (ob. cit., p. 142).

59. Ricardo Marcondes Martins critica o entendimento de que a comissão seria órgão público; segundo ele, cuida-se de uma *organização administrativa*, com atribuições específicas, pertencente a um órgão e formada por um conjunto de agentes ("Comissão de licitação na Lei n. 12.462/2011", *Regime...*, cit., p. 123).

60. Expõe o autor italiano: "Diz-se colegiado um órgão ao qual são prepostas várias pessoas físicas, cujas vontades são consideradas como vontade do órgão (...). A vontade da maioria domina no colegiado e deve ser juridicamente havida como vontade colegiado inteiro (...)" (*Sistema Istitutizionale del Diritto Amministrativo Italiano*, pp. 108-109).

61. Estabelece o art. 51, § 2º: "A Comissão para julgamento dos pedidos de inscrição em *registro cadastral*, sua alteração ou cancelamento, será integrada por profissionais *legalmente habilitados* no caso de obras, serviços ou aquisição de equipamentos" (g.n.). Casos de dentistas, engenheiros, médicos etc. Já, no *concurso*, haverá "comissão especial integrada por pessoas de *reputação ilibada e reconhecido conhecimento* da matéria em exame, *servidores públicos ou não*" (art. 51, § 5º, g.n.).

197. Assim, há tanto comissão *permanente*, quanto comissão *especial*. No primeiro caso, a Administração *mantém-na, permanentemente*,[62] pois não há necessidade de julgamento de objetos *especializados*; assim, o órgão colegiado integra a estrutura da Administração. Já, a *comissão especial* é aquela indicada para o processo e julgamento de casos especificamente determinados, que exijam especialidades;[63] concluído o procedimento, ela se extingue, de forma *automática*.

De acordo com Diógenes Gasparini, a constituição da *comissão especial* é *obrigatória*, "sempre que o objeto do certame apresentar certa especificidade que o torna incompatível com a finalidade da comissão permanente da licitação".[64]

4.3 Composição

4.3.1 Considerações

198. De acordo com o *caput*, do art. 51, a comissão poderá ter *três ou mais membros*; *dois* deles dos *quadros permanentes do órgão interessado*.[65]

A nosso ver, *sempre*, a *maioria* (e não apenas dois deles) dos integrantes da comissão deve ser dos *quadros permanentes do órgão responsável pela licitação*. Digamos, se a comissão for composta de *cinco membros*, *ao menos três* deles devem ser servidores dos quadros permanentes dos órgãos da Administração responsáveis pela licitação.

Caso contrário, haveria burla ao dispositivo legal, que visa atender à *moralidade administrativa e à segurança jurídica*. Bem como se evita a ingerência de um órgão na atividade de outro.

---

62. Dispõe o art. 51, § 4º: "A *investidura* dos membros das Comissões *permanentes* não excederá a 1 (um) ano, vedada a recondução da *totalidade* de seus membros para a *mesma comissão no período subsequente*" (g.n.). O dispositivo não se aplica a comissões especiais.

63. Estabelece o art. 6º, XVI do Estatuto: "Comissão – comissão, permanente ou especial, criada pela Administração com a função de receber, examinar e julgar todos os documentos e procedimentos relativos às licitações e ao cadastramento de licitantes".

64. *Comissões de Licitação*, 3ª ed., NDJ, 2011, p. 69.

65. Na hipótese de *convite*, conforme o § 1º, do art. 51, do Estatuto, nas pequenas unidades administrativas e em face da exiguidade de pessoal disponível, a comissão de licitação poderá ser substituída por servidor formalmente designada pela autoridade competente.

199. E se houver necessidade, a Administração poderá designar *servidores de outros órgãos públicos*; devem ser, necessariamente, *minoria* na composição. Além desta, outras condições devem estar preenchidas.

199-A. Assim, é preciso *justificação* [pertinência quanto à designação de pessoas de outros órgãos; por exemplo, não haver, nos quadros do órgão responsável, pela licitação, servidor com capacitação, qualificação, à medida do objeto da licitação].

Ademais, esses servidores (que *não pertencem* aos quadros do *órgão responsável pela licitação*) não devem ser comissionados, ou seja, escolhidos e exonerados, livremente, pela autoridade superior. Evitam-se, dessa maneira, ingerências de natureza *política*.[66]

200. De toda forma, o servidor designado, para participar da comissão, e que *não pertença ao quadro da Administração responsável pela licitação*, não poderá ser *presidente* da comissão; este deve ser, sempre, do *quadro permanente* da *entidade* [pessoa jurídica] e do *órgão interessado [responsável] no procedimento*.

Somente dessa forma garante-se a *autonomia administrativa*, com o correspondente uso da *competência legal* dos órgãos e entidades da Administração.

Salvo, evidentemente, situações excepcionais, *justificadas*, por *questões técnicas* objetivas e insuperáveis (ausência de servidores qualificados, para integrarem a comissão, ou para a presidirem).

201. Os servidores do quadro permanente da Administração não podem estar no *estágio probatório*. Assim, mesmo titulares de cargos de provimento *efetivo*, devem ter o atributo da *estabilidade*, para poderem participar da comissão.[67]

202. Nos casos em que a *pessoa jurídica de direito público* interessada na licitação tiver *servidores estatutários e servidores celetistas*, a Administração deve dar *preferência* àqueles [para participarem da comissão], por conta das *garantias* de que esses profissionais desfrutam;

---

66. Os servidores *comissionados* são nomeados e exonerados a critério da autoridade superior [exoneração *ad nutum* – às ordens, sem motivação]. Essa espécie tipológica de servidor não detém *permanência* no cargo, pois esta é característica dos *cargos de provimento efetivo*.

67. Dispõe o *caput*, do art. 41, da CF: "São estáveis após três anos de efetivo exercício os servidores nomeados para cargo de provimento efetivo em virtude de concurso público".

logo, para designar servidores *celetistas*, a autoridade precisa justificar, indicar os motivos, especialmente a *qualificação (distinção) técnica* do nomeado.

Veja-se:

> As garantias estampadas em prol dos servidores *estatutários* – em especial a *estabilidade – fornecem condições políticas e técnicas para que atuem com independência e imparcialidade nas diversas atividades de interesse social*. Eles têm, a par da estabilidade, a disponibilidade remunerada, no caso de extinção do cargo, e a *peculiar aposentadoria*, que lhes conferem a possibilidade de desenvolvimento da atividade pública *com retidão e impessoalidade*.[68]

Essas linhas, embora destinadas ao estudo do *Poder de Polícia [Polícia Administrativa]*, têm consistência jurídica ao procedimento licitatório.

203. Já, na licitação realizada por estatal (empresa pública ou sociedade de economia mista), ou por fundação de direito privado, como os servidores dessas entidades são regidos pela *Consolidação das Leis Trabalhistas* (CLT), e, assim, detêm idêntico *status*, em princípio, o problema não se põe (esses servidores não adquirem estabilidade).

4.3.2 No RDC

204. No Regime de Contratação Diferenciado (RDC), a Lei 12.462 não contempla o número de integrantes da comissão; mas deve ser composta *majoritariamente* por *servidores ou empregados públicos* pertencentes aos *quadros permanentes* dos órgãos ou entidades da administração pública responsáveis pela licitação (art. 34, *caput*). O § 1º do art. 34 da legislação remete ao *regulamento* impor as regras relativas ao funcionamento das comissões.[69] De toda forma, como *regra básica*, a nosso ver, aplicam-se, *subsidiariamente*, ao RDC, as normas estabelecidas na Lei 8.666/1993.

---

68. Heraldo Garcia Vitta, *Poder de Polícia*, p. 146, grifos originais.

69. Assim, o Decreto 7.581, de 11.10.2011, tem regras semelhantes às fixadas pelo Estatuto (Lei 8.666/1993): há comissão permanente e comissão especial; a comissão será composta por, no mínimo, três membros tecnicamente qualificados, sendo a maioria deles servidores ou empregados públicos, pertencentes as quadros permanentes dos órgãos ou entidades responsáveis pela licitação (art. 6º). Há outras regras no decreto (cf. art. 7º: competência da comissão).

4.4 Impedimentos

205. O art. 9º, do Estatuto, enumera *impedimentos* [por participação *direta ou indireta*] de certas *pessoas físicas e jurídicas para participar nas licitações*.[70]

Art. 9º. Não poderá participar, direta ou indiretamente, da licitação ou da execução de obra ou serviço e do fornecimento de bens a eles necessários:

I – o autor do projeto, básico ou executivo, pessoa física ou jurídica;

II – empresa, isoladamente ou em consórcio, responsável pela elaboração do projeto básico ou executivo ou da qual o autor do projeto seja dirigente, gerente, acionista ou detentor de mais de 5% (cinco por cento) do capital com direito a voto ou controlador, responsável técnico ou subcontratado;

III – servidor ou dirigente de órgão ou entidade contratante ou responsável pela licitação.

§ 1º. É permitida a participação do autor do projeto ou da empresa a que se refere o inciso II deste artigo, na licitação de obra ou serviço, ou na execução, como consultor ou técnico, nas funções de fiscalização, supervisão ou gerenciamento, exclusivamente a serviço da Administração interessada.

§ 2º. O disposto neste artigo não impede a licitação ou contratação de obra ou serviço que inclua a elaboração de projeto executivo como encargo do contratado ou pelo preço previamente fixado pela Administração.

§ 3º. Considera-se participação indireta, para fins do disposto neste artigo, a existência de qualquer vínculo de natureza técnica, comercial, econômica, financeira ou trabalhista entre o autor do projeto, pessoa física ou jurídica, e o licitante ou responsável pelos serviços, fornecimentos e obras, incluindo-se os fornecimentos de bens e serviços a estes necessários.

§ 4º. O disposto no parágrafo anterior aplica-se aos membros da comissão de licitação.

Assim, os membros da comissão não poderão ter vínculos de natureza técnica, comercial, econômica, financeira ou trabalhista com licitante. Essa é a modalidade de *participação indireta*, ao menos na terminologia do legislador.[71]

---

70. No RDC, o art. 36, da Lei 12.462/2011, enumera as vedações para a participação do certame.

71. No RDC, a Lei 12.462/2011, tem redação semelhante: art. 36, §§ 4º e 5º.

O JULGAMENTO DAS PROPOSTAS

205-A. Logo, também se veda a *participação direta*: os membros da comissão não podem participar da licitação, como licitantes; ser dirigentes, gerentes, acionistas, ou detentores de mais de cinco por cento do capital com direito a voto, controlador, ou responsável técnico, ou subcontratado [de licitante].[72]

4.5 Responsabilidades

4.5.1 Requisitos

206. Estabelece o art. 51, § 3º:

> § 3º. Os membros das Comissões de licitação responderão solidariamente por todos os atos praticados pela Comissão, salvo se posição individual divergente estiver devidamente fundamentada e registrada em ata lavrada na reunião em que tiver sido tomada a decisão.

Diógenes Gasparini expõe:

> (...) os membros das comissões de licitação, permanente ou especial, responderão pelas consequências decorrentes da *decisão tomada por esse órgão*; (...) Todos responderão como se tivessem tomado a decisão individualmente; salvo se posição individual divergente, devidamente fundamentada, estiver registrada em ata da reunião em que a decisão tomada foi contraditada, contrariada.[73]

206-A. De acordo com o texto normativo, a divergência do membro da comissão deve ser *fundamentada e registrada em ata*, sob pena de responder *solidariamente* aos demais integrantes do órgão colegiado.[74] Não é suficiente, portanto, a mera contrariedade, singela, sem dados, ou motivos, quanto à decisão do órgão colegiado.

4.5.2 Exigência de culpa

207. Ademais, exige-se *culpa, ao menos*, para a imputação da *responsabilidade aos membros da comissão*. Já havíamos afirmado, em

---

72. Nesse sentido, Ricardo Marcondes Martins, art. e ob. cits.
73. *Comissões...*, cit., p. 58, g.n.
74. Preceito semelhante há no RDC (Lei 12.462/2011, art. 34, § 2º). Mas esse dispositivo não exige divergência fundamentada; basta *posição individual divergente* do integrante da comissão, para escusar-se? Evidentemente, essa posição individual deve ser motivada. As comissões julgam; as manifestações de seus membros devem ser devidamente motivadas.

outra ocasião, que as *penalidades administrativas* não prescindem do *elemento subjetivo* (dolo/culpa) do infrator.[75]

Já, a *responsabilidade civil* não é absoluta, objetiva, *no caso*, eis que o legislador não a contemplou; há necessidade, dessa forma, da demonstração do *dolo ou da culpa*. Nesse sentido, o trabalho de Jessé Torres Pereira Junior e Marinês Restelatto Dotti.[76]

Quanto à *responsabilidade penal*, parece óbvio, exige-se o elemento subjetivo, do infrator (determinação *constitucional*: art. 5º, LIII e LIV – princípio do devido processo legal; e LVII – "ninguém será considerado *culpado* até o trânsito e o julgado de sentença penal condenatória"; e *legal*: art. 18, Código Penal).

Por isso, o membro da comissão só será responsabilizado, se acaso tiver agido, pelos menos, *culposamente*; isso ocorre quando se *omite* a respeito dos atos necessários que deveriam ser cumpridos, para evitar danos, prejuízos. Logo, se o integrante da comissão, por *negligência* [omissão], concordar com o ato viciado, será responsável pelas consequências.[77]

4.5.3 Ônus probatório

207-A. Finalmente, a questão do *ônus probatório* do *servidor*, quanto à correta aplicação de recursos, ou a regularidade do ato praticado, na forma do art. 113, do Estatuto,[78] *não propicia a responsabilidade*

---

75. Heraldo Garcia Vitta, *A Sanção no Direito Administrativo*, Malheiros Editores, 2003, pp. 41 e ss. Do mesmo autor: *Responsabilidade Civil e Administrativa por Dano Ambiental*, Malheiros Editores, 2008, pp. 153-155, item *5: O elemento subjetivo (dolo-culpa) nos ilícitos administrativos*.

76. Afirmam: "(...) a responsabilidade civil de agente público por ação ou omissão (dolosa ou culposa) praticada em licitações e contratações, de que resulte prejuízo ao erário ou a terceiros, ou que viole a ordem jurídica, mesmo que não resulte prejuízo ao erário, é subjetiva" (*Da Responsabilidade de Agentes Públicos e Privados nos Processos Administrativos de Licitação e Contratação*, p. 9).

77. Marçal Justen Filho, ob. cit., p. 481.

78. Esse dispositivo determina *ao órgão a demonstração da legalidade e regularidade da despesa*: "Art. 113. O controle das despesas decorrentes dos contratos e demais instrumentos regidos por esta Lei será feito pelo Tribunal de Contas competente, na forma da legislação pertinente, ficando os órgãos interessados da Administração responsáveis pela demonstração da legalidade e regularidade da despesa e execução, nos termos da Constituição e sem prejuízo do sistema de controle interno nela previsto. § 1º. Qualquer licitante, contratado ou pessoa física ou jurídica poderá representar ao Tribunal de Contas ou aos órgãos integrantes do sistema de controle interno contra irregularidades na aplicação desta Lei, para os fins do disposto neste

objetiva, que é baseada na *teoria do risco*. Jessé Torres Pereira Júnior e Marinês Restelatto Dotti afirmam:

> Ainda que o agente não logre demonstrar a regularidade de sua conduta, esta somente induzirá a sua responsabilidade se culposa ou dolosa, elemento subjetivo *que não se presume e deve ser comprovado*.[79]

No entanto, não se deve confundir essa afirmação, correta, com a questão do *ônus probatório*, o qual procura estabelecer *critérios* a fim de desvendar quem poderia *carrear provas* aos autos, para o julgamento do processo.

Parece ser o caso de aplicar-se o *critério dinâmico da distribuição do ônus probatório*; por meio dele, verificam-se as *condições das partes e o objeto da relação jurídica*: vale dizer, constata-se, no caso concreto, qual das partes tem melhores condições, ou meios, (materiais, econômicos etc.) para aportar as provas aos autos.[80]

Essa é a finalidade, ou fundamento, do art. 113, *caput*, do Estatuto, que remete aos órgãos responsáveis interessados da Administração a *demonstração da legalidade e regularidade* da despesa e execução dos contratos administrativos.

Portanto, o caso concreto poderá deslindar quem deve aportar as provas para os autos, à medida das condições das partes da relação. Em princípio, o próprio acusado pode fazê-lo, em face do art. 113, *caput*, do Estatuto, e por ter meios para evidenciar a sua inocência; mas não se podem descartar situações em que o órgão encarregado da apuração dos fatos deva produzir as provas, visando à *verdade material*.

4.5.4 Conclusão (parcial)

208. Logo, (a) na responsabilidade *administrativa*, todos os integrantes da comissão poderão sofrer sanção administrativa, solidariamente, desde que haja dolo ou culpa; (b) na *penal*, serão considerados

---

artigo. 2º. Os Tribunais de Contas e os órgãos integrantes do sistema de controle interno poderão solicitar para exame, até o dia útil imediatamente anterior à data de recebimento das propostas, cópia de edital de licitação já publicado, obrigando-se os órgãos ou entidades da Administração interessada à adoção de medidas corretivas pertinentes que, em função desse exame, lhes forem determinadas *(Redação dada pela Lei n. 8.883, de 1994)"*.

79. Ob. cit., p. 10, g.n.
80. Cf. Heraldo Garcia Vitta, *Poder de Polícia*, p. 216, item 2.3.1: Presunção de legitimidade dos atos administrativos. A questão do ônus probatório.

autores (coatores), também se houver dolo ou culpa; e (c) na *civil*, eles respondem – solidariamente, desde que haja dolo ou culpa –, com o patrimônio pessoal, *pelo total* do prejuízo causado.

208-A. Na responsabilidade civil, devido à *solidariedade*, a Administração pode exigir a reparação de todos, ou de alguns, dos integrantes do órgão colegiado. Já, o membro da comissão, que honrar o compromisso, poderá exercer o *direito de regresso* contra os demais integrantes dela.[81]

208-B. Com efeito, dispõe o art. 265, do Código Civil Brasileiro: "Há solidariedade quando na mesma obrigação concorre mais de um credor [solidariedade *ativa*], ou mais de um devedor [solidariedade *passiva*], cada um com direito, ou obrigado à dívida toda".

Assim, na *solidariedade passiva*, todos os devedores são obrigados ao pagamento total da dívida. Conforme o art. 275 do código, o credor tem direito de reclamar de qualquer dos devedores a totalidade da dívida; mesmo porque, de acordo com o parágrafo único desse artigo, "não importará renúncia da solidariedade a propositura de ação pelo credor contra um ou alguns dos devedores".

No entanto, como destacamos acima, o integrante deverá agir (ou omitir), ao menos, culposamente, para ser responsabilizado.

209. A *solidariedade não se presume*; resulta da *lei* [e da Constituição][82] *ou da vontade das partes*, conforme a dicção do art. 265, do Código Civil Brasileiro. Ademais, conforme anotamos, a *Lei 8.666/1993* (art. 51, § 3º) confere responsabilidade *solidária* aos membros da comissão.

4.6 Outras comissões. Responsabilidades

210. O art. 51, § 3º do Estatuto, refere, expressamente, à *Comissão de licitação*; logo, apenas os membros desse órgão colegiado teriam

---

81. Conforme explicações bem elaboradas por Diógenes Gasparini, *Comissões de Licitação*, 3ª ed., p. 58.

82. Como exemplo, na área *ambiental*, todos aqueles que tenham causado danos ao ambiente, respondem, no *âmbito civil*, de forma *solidária, e objetiva*, por força dos *termos constitucionais*: art. 225, § 3º, CF. Linhas gerais, podem ser feitas as seguintes considerações, quanto à *responsabilidade civil por dano ao ambiente*: "a) independe de culpa ou dolo; b) ocorre a inversão do ônus da prova: compete ao causador do dano excluir a responsabilidade; c) estende-se aos particulares e ao Estado; d) ela é solidária, ou seja, todos os que concorreram para o dano são responsáveis" (Heraldo Garcia Vitta, *Responsabilidade...*, cit., p. 86).

responsabilidade solidária; não assim os membros das *comissões de cadastramento* e os de *recebimento de materiais*. Nesse sentido, Diógenes Gasparini.[83]

Entretanto, consideramos pertinente outro sentido à norma; a finalidade do texto jurídico é ampliar o alcance da responsabilidade dos servidores, no *âmbito geral da licitação*.

(a) A *comissão de cadastramento* tem finalidade verificar *qualificação/habilitação* dos concorrentes, e expedir os denominados *registros cadastrais*, bem como proceder às alterações desses registros, inclusive o cancelamento deles. O próprio art. 6º, XVI, do Estatuto, ao conceituar *Comissão*, inclui a do cadastramento. Idem, o citado art. 51.

(b) A *comissão de recebimento de materiais*, como o nome indica, tem finalidade receber, na forma do *contrato administrativo*, os bens adquiridos por *licitação*.[84]

211. Conforme o art. 15, § 8º, do Estatuto, "o *recebimento de material de valor superior ao limite* estabelecido no art. 23 [o dispositivo prevê modalidades de licitação à medida do valor do objeto licitado], para a modalidade *convite*, deverá ser confiado a uma comissão de, no mínimo, 3 (três membros)" (g.n.).

Assim, esse órgão colegiado deve ser instaurado a partir do instante em que os materiais [valor do contrato] superem o valor global da modalidade *licitatória convite*, especificamente quanto ao valor estipulado no inciso II, "a", do art. 23, do Estatuto (concernente a *compras* e serviços), isto é, a quantia histórica, original, de R$ 80.000,00 – esse valor é reajustado (cf. art. 120).

211-A. Assiste, portanto, razão, a Diógenes Gasparini, quando afirma: (a) a palavra material, utilizada no texto, compreende qualquer conjunto de bens adquiridos pelo Poder Público, inclusive material de construção; (b) até o limite de R$ 80.000,00 (valor da época da elaboração da lei) não é exigida comissão; pode ser feito por único servidor, o mesmo ocorrendo quando há *aquisição de apenas um bem*.[85]

---

83. Segundo este autor, "os membros das demais comissões (recebimento de bens, cadastramento e concurso) não respondem em tais termos *[solidariamente]*. Respondem pelos seus atos civil, penal e administrativamente, mas em caráter individual" (*Comissões*..., cit., p. 59).

84. Ao respeito do *recebimento* (*provisório e definitivo*) de obras e serviços; compras ou locação de equipamentos: art. 73, do Estatuto.

85. *Comissão*..., cit., p. 100. Segundo esse autor, não se pode adotar o limite de R$ 150.000,00, indicado no inciso I, "a" do art. 23 [valor da "modalidade convite",

211-B. De todo modo, nos termos do art. 75, "A Administração *rejeitará*, no todo ou em parte, obra, serviço ou fornecimento executado em desacordo com o contrato" (g.n.). Logo, a comissão de recebimento de materiais *deverá rejeitá-los*, se acaso estiverem em desacordo como contrato firmado.

212. Já, a *Comissão de Concurso* é [sempre] *especial* (art. 51, § 5º, do Estatuto); logo, *temporária*, e deve ser considerada *extinta* aos términos dos trabalhos.

Trata-se de órgão colegiado, com atribuição de receber e julgar (escolher) trabalhos técnicos, científicos ou artísticos, mediante a instituição de prêmio ou remuneração aos vencedores (art. 22, § 4º); inclusive quanto aos *serviços técnicos profissionais especializados* [arrolados no art. 13], quando não seja o caso de *inexigibilidade* de licitação (art. 13, § 1º).

213. Assim, em face da *importância dessas comissões*,[86] por integrarem a seara *geral* da licitação, não se justifica apenas os membros da *Comissão de Licitação* terem responsabilidade solidária; e os das demais, não.

213-A. Não é boa técnica interpretar dispositivo jurídico de forma literal e isolada; convém, na ordem dos objetos existentes, analisar a regra no *conjunto das normas e da finalidade do instituto jurídico (licitação)*. Ferrara, o grande mestre italiano, afirma:

> A norma descansa num fundamento jurídico, numa *ratio iuris*, que indigita a sua real compreensão. É preciso que a norma seja entendida no sentido que melhor responda à consecução do resultado que quer obter. Pois que a lei se comporta para com a *ratio iuris* como o meio para com o fim: quem quer o fim quer também os meios.[87]

214. Não procede a alegação de que a regra da solidariedade deve ser interpretada de maneira *restritiva*; pois tanto o processo *sistemático* quanto o *teleológico* indicam o *sentido* e *alcance* da própria norma interpretada; ademais, as regras excepcionais comportam interpretação

para *obras e serviços de engenharia*], pois "quanto maior for o limite adotado na interpretação, mais se afronta o objetivo da norma, pois se deixa a um só servidor o recebimento de material de montante elevado" (idem, ibidem).

86. Como exemplário, o art. 43, § 5º, do Estatuto, não permite discussão quanto à *habilitação* dos candidatos na licitação, após a abertura das propostas, exceto por motivos supervenientes.

87. *Interpretação e Aplicação das Leis*, p. 37.

ampla, extensa, "sem os limites impostos pelo resultado da mera interpretação restritiva".[88]

Os membros dessas comissões também respondem, solidariamente, porque assim exigem o princípio da *moralidade administrativa e o da eficiência.*

---

88. Heraldo Garcia Vitta, *Aspectos...*, cit., p. 135.

Capítulo Único
Considerações Finais ao RDC (Críticas)

215. Além daquelas citadas ao longo deste trabalho, elaboramos, a seguir, considerações derradeiras do *Regime Diferenciado de Contratação (RDC: Lei 12.462/2011)*.

Essa legislação, a princípio, destinava-se às *licitações e contratos* necessários à Copa das Confederações da FIFA (2013), à Copa do Mundo (2014) e aos Jogos Olímpicos e Paraolímpicos (2016); porém, inadvertidamente, estendeu-se às ações integrantes do *Programa de Aceleração de Crescimento* (PAC) (art. 28 da Lei 12.688, de 18.7.2012, que incluiu o inciso IV no art. 1º, *caput*, da Lei 12.462); às *licitações e contratos* necessários às *obras e serviços de engenharia* no âmbito dos *sistemas públicos de ensino* (art. 1º, § 3º, da Lei 12.462 – RDC, incluído pela Lei 12.722, de 3.10.2012); e *às obras e serviços de engenharia no âmbito do Sistema Único da Saúde* – SUS (art. 1º, V, da Lei 12.462 – RDC, incluído pela Lei 12.745, de 19.12.2012); à contratação, pela Conab (Companhia Nacional de Abastecimento), de todas as ações relacionadas à reforma, modernização, ampliação ou construção de unidades armazenadoras próprias destinadas às atividades de guarda e conservação de produtos agropecuários em ambiente natural (art. 1º, da Lei 12.783, de 24.10.2013).

Aliás, a Conab poderá contratar *instituição financeira pública federal, dispensada a licitação*, para atuar nas ações referidas, como contratação e fiscalização de obras, serviços de consultoria, inclusive outros de natureza técnica, e aquisição de bens e equipamentos e também gerir recursos financeiros direcionados pela União para reforma, modernização, ampliação e construção de Unidades Armazenadoras Próprias. (art. 2º, *caput*, da Lei 12.783, de 2013). A *instituição financeira pública federal* está autorizada a *utilizar o RDC, para as referidas contratações* (art. 2º, § 1º).

Igualmente, a Lei 12.833, de 20.6.2013, cujo art. 5º *acresceu o art. 63-A, na Lei 12.462.* Segundo esse dispositivo, a Secretaria de Aviação Civil da Presidência da República, para a consecução dos objetivos previstos na norma (modernização, construção, ampliação ou reforma de aeródromos públicos), diretamente, ou por meio de instituição financeira pública federal, realizará procedimento licitatório, podendo, em nome próprio, ou de terceiros, adquirir bens, contratar obras e serviços de engenharia e de técnicos especializados e utilizar-se do *Regime Diferenciado de Contratações Públicas.*

A Lei 12.980, de 28.5.2014, por sua vez, fruto da conversão da Medida Provisória 630, de 2013, dentre outras modificações, introduziu o Regime Diferenciado de Contratações destinado a "obras e serviços de engenharia para construção, ampliação e reforma de estabelecimentos penais e unidades de atendimento socioeducativo".

Há regras específicas, quanto ao *resultado* do certame, dentre as quais as seguintes: (art. 26 e parágrafo único): *a*) a Administração poderá *negociar* com o *primeiro colocado,* a fim de obter condições mais vantajosas; *b*) essa negociação poderá ser *estendida aos demais licitantes,* segundo a ordem de classificação, se o preço [proposta] do primeiro colocado, *mesmo após a negociação,* for *desclassificado* por sua proposta permanecer *acima do orçamento estimado* [pela Administração].

216. A nosso ver, a "proposta de negociação", citada no dispositivo legal, é *dever* da Administração; cuida-se de finalidade cogente, própria da *relação de administração* (Cirne Lima). Pois, o *dever de boa administração,* do qual decorre o *princípio da eficiência* (art. 37, *caput,* da CF, com redação da EC 19/1998),[1] impõe à Administração buscar condições sempre mais vantajosas ao interesse público.

Conforme se observa, a negociação ocorre *após a fase de julgamento* das propostas (portanto, *antes da habilitação*);[2] o art. 26, *caput,* tem a seguinte dicção: "Definido o resultado do julgamento [das propostas], a administração pública poderá [deverá] negociar condições mais vantajosas com o primeiro colocado".

---

1. O *princípio da eficiência,* na verdade, é o próprio "dever de boa administração, inerente no regime democrático de direito, adotado no país" (Heraldo Garcia Vitta, *Aspectos...,* cit., p. 93).

2. Depois de tudo (apresentação das propostas, definição do resultado, negociação), o interessado pode não ser habilitado! Difícil, não? Essa situação pode dar azo a favorecimentos!

217. Se o orçamento,[3] estimado pela Administração Pública, estiver *abaixo do valor da proposta* do *primeiro colocado, deve haver proposta de negociação*, visando à ampliação das vantagens.

Ainda que *todas as propostas* estejam *acima da estimativa da Administração Pública* (nesse caso, elas seriam *desclassificadas* = *art. 24, III*), adverte o competente professor Rafael Valim, "a negociação pode evitar o fracasso do certame e o seu consequente refazimento".[4]

Já, se o licitante, cuja proposta estiver *acima do valor estimado pela Administração, recusar-se a negociar*; ou depois da negociação, a proposta *mantiver-se acima* [do valor estimado pelo Poder Público], será alijado do certame.

218. De todo modo, na esteira do citado Rafael Valim, a expressão "condições mais vantajosas", utilizada na regra, pode incluir outros aspectos, além do preço; redução do prazo de entrega, oferecimento de um bem superior etc., "desde que objetivamente aferível e não desnature o objeto licitado".[5] Acrescentamos: desde que esses itens estejam *previstos* no ato convocatório.

219. Dentre os critérios de *seleção da proposta*, estabelecidos na Lei 12.462/2011, destacamos aquele referente à "melhor combinação entre *técnica e preço*" (art. 20).

Enquanto na Lei 8.666/1993 (Estatuto), esse critério de julgamento é cabível, como regra, para *serviço de natureza predominantemente intelectual* (art. 46, *caput*), no RDC, por conta do art. 20, § 1º, incisos I e II, da Lei 12.462/2011, destina-se a objetos de natureza predominantemente intelectual *e de inovação tecnológica* ou técnica; *ou que possam ser executados com diferentes metodologias ou tecnologias de domínio restrito no mercado, pontuando-se as vantagens e qualidades que eventualmente forem oferecidas para cada produto ou solução.*

Ora, expõe Percival José Bariani, *qualquer objeto* pode ser licitado por esse critério (inclusive obras e serviços de engenharia); basta a exis-

---

3. Relembre-se; no RDC, o orçamento do objeto, feito pela Administração, em tese, não é do conhecimento dos interessados. Uma aberração; falta de transparência, de publicidade. Essa situação, permitida na legislação, pode originar mais uma forma de corrupção. Parece evidente: basta um dos concorrentes ter acesso (sigiloso!) ao orçamento do Poder Público, para, assim, obter vantagem na disputa!

4. "A negociação de condições mais vantajosas no regime diferenciado de contratações públicas (RDC)", *Regime...*, cit., p. 191.

5. Art. e ob. cits., p. 192.

tência desses requisitos legais. Assim, "o que anteriormente era exceção pode virar regra".[6]

220. A situação é preocupante; o art. 20, § 2º permite atribuição de *fatores de ponderação* distintos para a Administração valorar as propostas da *técnica e de preço* [constantes no instrumento convocatório] – o que é comum nessa modalidade de julgamento. Mas o percentual de ponderação mais relevante está *limitado* a *70%!* (art. 20, § 2º).

Ora, com a abrangência, ou amplitude, das hipóteses legais, para a Administração adotar esse critério de julgamento (art. 20, § 1º, I e II), o percentual de 70%, *se destinado à técnica*, poderá conduzir a favoritismos, em prejuízo da impessoalidade e moralidade administrativas. É que a questão técnica, muitas vezes, envolve apreciação subjetiva da autoridade administrativa (discricionariedade).

221. Ademais, de acordo com a antiga redação do art. 9º, § 2º, III, a *contratação integrada* deveria preceder licitação com critério de julgamento *de técnica e preço*. Contudo, a Lei 12.980, de 2014, deu nova redação ao dispositivo:

> Art. 9º. Nas licitações de obras e serviços de engenharia, no âmbito do RDC, poderá ser utilizada a contratação integrada, desde que técnica e economicamente justificada e cujo objeto envolva, pelo menos, uma das seguintes condições. (*Redação dada pela Lei n. 12.980, de 2014*)
>
> I – inovação tecnológica ou técnica; (incluído pela referida lei);
>
> II – possibilidade de execução com diferentes metodologias; ou (incluído pela referida lei);
>
> III – possibilidade de execução com tecnologias de domínio restrito no mercado (incluído pela referida lei).

Apenas para rememorar, na contratação integrada, o *vencedor* elabora os *projetos básico e executivo*, executa as obras e serviços de engenharia, a montagem, os testes, a pré-ocupação e todas as demais

---

6. Da publicidade dos instrumentos convocatórios das licitações pelo RDC, dos modos de disputa e dos critérios de julgamento, *Regime...*, cit., p. 80. Outra novidade da lei, referida pelo autor, é o julgamento da proposta *pelo maior desconto*, o qual "terá como referência o preço global fixado no instrumento convocatório, sendo estendido aos eventuais termos aditivos" (art. 19, § 1º); no caso de caso de obras ou serviços de engenharia, "o percentual de desconto apresentado pelos licitantes deverá incidir linearmente sobre os preços de todos os itens do orçamento estimado" (art. 19, § 3º).

operações necessárias para a *entrega final do objeto...* (art. 9º, § 1º). Pronto! Tudo entregue ao *contratado*...!

Em que pesem as modificações da Lei 12.980, nada mudou, substancialmente, pois os casos mencionados no art. 9º, do RDC, encartados como possíveis à *contratação integrada*, são similares àqueles referidos para o julgamento da combinação *técnica e preço*, conforme se observa no art. 20, § 1º, incisos I e II (acima: item 219).

222. Não basta. De acordo com o art. 8º, § 1º, nas licitações e contratações de obras e serviços de engenharia, serão adotados, preferencialmente, os regimes discriminados nos incisos II [empreitada por preço global], IV [empreitada integral] e V [contratação integrada].

Ora, nessas hipóteses, como nota Percival José Bariani, há "pouca relevância ao valor unitário dos itens que compõem o objeto final do contrato apresentado pela empresa licitante".[7]

222-A. De fato, nos termos do art. 6º, VIII, "b", da Lei 8.666/1993, a empreitada por *preço unitário* é utilizada quando se contrata a execução da obra ou do serviço por *preço certo de unidades determinadas*; a empreitada por *preço global*, quando a execução da obra ou do serviço for por *preço certo e total* (alínea "a"); na empreitada *integral*, o empreendedor entrega o empreendimento em sua integralidade, compreendendo todas as etapas, inclusive em condições de segurança estrutural e operacional (alínea "e").

222-B. Renato Geraldo Mendes explica, didaticamente, a distinção entre o *regime global e o regime integral*. Naquele, de regra, o contratado fornece mão de obra e os insumos a serem empregados no empreendimento [realizado pelo próprio contratado]; no regime integral, a Administração transfere para o empreiteiro o encargo total, que "*coincide com a viabilização operacional do empreendimento ou solução final visada pela Administração*".[8]

7. Art. e ob. cits., p. 90.
8. *O Processo de Contratação Pública*, p. 219, grifos originais. Conclui o autor, quanto à empreitada integral: "Com a execução do encargo *[do contratado]*, a necessidade pode ser satisfeita imediatamente. O regime de empreitada integral é também conhecido como *turnkey*, que na sua tradução quer dizer girar a chave ou com a chave na mão. O empreiteiro, então, assume a obrigação de deixar tudo em ordem para funcionar integralmente" (idem, ibidem). O empreiteiro fornece, além da mão-de-obra e dos insumos a serem empregados, os equipamentos e máquinas, bem como o mobiliário, dentre outros (idem, ibidem, p. 216).

222-C. Especificamente quanto à *contratação integrada*, definida na Lei 12.462/2011, repita-se, não poderia o legislador atribuir ao vencedor do certame realizar o *projeto básico*, pois pode afetar a *qualidade da obra*, além de possibilitar que haja *certame dirigido* a dado empreendedor, que teria *antecipação de informações*, a fim de obter melhores condições e tempo para a realização do projeto.

Na contratação integrada, o instrumento convocatório deverá conter *apenas o anteprojeto de engenharia* (art. 9º, § 2º); e o valor estimado da contratação poderá, dentre outros critérios, referidos na lei, basear-se na avaliação do *custo global da obra*, aferida mediante *orçamento sintético* (resumido, portanto), ou metodologia expedita ou paramétrica (art. 9º, § 2º, II, com redação da Lei 12.980, 2014).

É verdade; nessa espécie tipológica de contratação, o § 4º, do art. 9º, *veda celebração de aditivos contratuais, exceto* para recomposição do equilíbrio econômico-financeiro decorrente de *caso fortuito ou força maior*; e por necessidade de alteração do projeto ou das especificações técnicas, a *pedido da Administração Pública*, observado o limite do § 1º, do art. 65, da Lei 8.666/1993.[9]

Porém, ninguém duvida, por exemplo, a possibilidade de alteração contratual, ou indenização, ao contratado, nas hipóteses de *sujeições imprevistas*, ou seja, eventos materiais, técnicos, que dificultam, oneram, substancialmente, o *equilíbrio econômico-financeiro* do contrato. Numa dada obra, é o caso do lençol freático, desconhecido das partes, e que preexistia ao contrato.

Ou *situações imprevisíveis*, alheias à vontade das partes, que sobrevêm ao contrato, e abalam o equilíbrio econômico do contrato (*teoria da imprevisão*). Exemplo da acentuada elevação dos preços de matérias-primas, causada por desequilíbrios econômicos.

A mesma sorte tem o *fato do príncipe*. Agravos econômicos decorrentes de *ação estatal geral*, isto é, que atingem a todos – e não apenas a contratado –, e repercutem na equação econômico-financeira do contrato, comportam indenização ao contratado. Hipótese do aumento exacerbado de tributos (art. 65, § 5º).[10]

9. Art. 65, § 1º. "O contratado fica obrigado a aceitar, nas mesmas condições contratuais, os acréscimos ou supressões que se fizerem nas obras, serviços ou compras, até 25% (vinte e cinco por cento) do valor inicial atualizado do contrato, e, no caso particular de reforma de edifício ou de equipamento, até o limite de 50% (cinquenta por cento) para os seus acréscimos".

10. Art. 65, § 5º. "Quaisquer tributos ou encargos legais criados, alterados ou extintos, bem como a superveniência de disposições legais, quando ocorridas após a

Nesses casos, pode haver *alteração contratual, por acordo*, na forma preconizada no art. 65, I, "d", da Lei 8.666/1993.

Acresce-se; *caso fortuito e força maior*, situações elencadas na lei do RDC como suscetíveis de *aditivos contratuais*, são conceitos jurídicos indeterminados, fluidos, pois comportam mais de uma intelecção. Quais casos enquadrar-se-iam nesses conceitos? Assim, se for o caso, a Administração poderá enquadrar "n" casos no conceito legal. Remanescem, sempre, amplíssimas situações a serem acolhidas no conceito jurídico.

Portanto, o *contraponto,* feito por alguns, às críticas à contratação integrada – vedação, como regra, de termos aditivos contratuais – não tem consistência, pois sempre poderá haver situações extraordinárias, anormais, imprevisíveis, imprevistas, na relação contratual, que demandem alteração no contrato. Aliás, referida proibição legal, insculpida na lei do RDC, vem de encontro à Constituição Federal, porque o art. 37, XXI, determina a *mantença das condições efetivas da proposta*, nos termos da lei.

Finalmente, além das críticas a respeito, elaborados ao longo deste trabalho, tecemos as palavras do citado Renato Geraldo Mendes, embora *referidas à Lei 8.666/1993*:

> O Projeto básico não pode ser definido por quem vai executar o contrato, o que não significa que um terceiro não possa elaborá-lo. É preciso separar bem as duas coisas para que não haja confusão. Não é possível transferir para a pessoa que vai executar o encargo e atribuição de definir o próprio encargo que vai executar. Um define o encargo e outro o executa, ou seja, tais atribuições não podem ser realizadas pelas mesmas pessoas nem por pessoas que mantenham entre si relações empresariais, profissionais ou qualquer vínculo.[11]

223. Apesar dessas e outras incongruências na legislação, o Governo estendeu o RDC a várias hipóteses, a princípio, não cogitáveis. Pois,

---

data da apresentação da proposta, de comprovada repercussão nos preços contratados, implicarão a revisão destes para mais ou para menos, conforme o caso".

11. *O Processo...*, cit., p. 220. Segundo o autor, quem planejou obteria informações privilegiadas, o que causaria prejuízo à igualdade. E também porque haveria tendência do planejador aumentar o custo do empreendimento, o que ensejaria remuneração maior, "caso fosse vencedor" [o autor se refere ao regime do Estatuto]. "Aliás, foi com base nesse raciocínio que o legislador vetou o regime de administração contratada, pois nele a remuneração do empreiteiro decorre do custo direto da obra. Logo, quanto maior for o custo, maior é a remuneração" (idem, ibidem, p. 220).

no advento da lei, a *justificativa* era de que havia necessidade de normas diferentes daquelas instituídas pela Lei 8.666/1993, para reger licitações e contratos administrativos. Argumentava-se quanto à *urgência* da realização das obras visando às Copas (Confederações, do Mundo, Olímpica e Paraolímpica).

No entanto, surpreendentemente, e em que pesem as *ações diretas propostas no Supremo Tribunal Federal*, o Governo conseguiu, unido ao Congresso Nacional, ampliar os casos de aplicação do RDC, numa sucessão de episódios lamentáveis, para dizer o mínimo: PAC, sistema de ensino, sistema de saúde (SUS) etc.

Pretendeu-se, inclusive, por ocasião da discussão da Medida Provisória 630, estender o RDC a todas as licitações do Governo Federal, rechaçado no Congresso.

O problema é que há tendência de utilizar-se a coisa pública para atender reclamos de interesses pessoais, privados. Pretende-se que particulares interessados, políticos e demais agentes públicos obtenham vantagens com o uso desmedido da máquina administrativa. Basta ler os jornais e as principais revistas do País, para a constatação singela dessa vexatória situação nacional.

Como explica o culto professor e profundo conhecedor do povo brasileiro, Sérgio Buarque de Holanda:

No Brasil, pode dizer-se que só excepcionalmente tivemos um sistema administrativo e um corpo de funcionários puramente dedicados a interesses objetivos e fundados nesses interesses. Ao contrário, é possível acompanhar, ao longo de nossa história, o predomínio constante das vontades particulares que encontram seu ambiente próprio em círculos fechados e pouco acessíveis a uma ordenação impessoal.[12]

Ainda estamos atrasados – e muito – em face dos países desenvolvidos. Há quem diga que sistema similar ao RDC obteve sucesso, alhures. Porém, culturas diferentes levam a consequências igualmente díspares; o meio social, a vida cotidiana, a história de um povo, são elementos indicadores, senão definitivos, da importância de termos nosso próprio regime jurídico.

Assim, no Brasil, as leis deveriam ser elaboradas a fim de evitar a abertura de situações inusitadas, que possam levantar dúvidas acerca da idoneidade do certame e comprometer o erário; mas, não. Por aqui,

---

12. *Raízes do Brasil*, 26ª ed., 40ª reimp., São Paulo, Companhia das Letras, 2013, p. 146.

elaboram-se regras que, a pretexto de visarem a procedimento expedito, esbarram no amplo espectro da abertura da corrupção,

Assim, a Lei 12.462, de 2011, poderá servir de *incentivo à corrupção*, aos desmandos governamentais. Numa área que, infelizmente, no Brasil, tem sido objeto de inúmeros casos de *prepotência de alguns governantes*.[13]

---

13. Até onde se sabe, há duas ações diretas no STF, propostas em 2011, por meio das quais os autores (partidos políticos; e Procuradoria-Geral da República) pretendem declaração de inconstitucionalidade da lei. Contudo, devido à demanda de obras e serviços nas citadas áreas do RDC, a pressão aos membros do STF aumenta. Isso porque, o país já é canteiro de obras.

BIBLIOGRAFIA

ALESSI, Renato. *Sistema Istitutizionale del Diritto Amministrativo Italiano*. Milão, Giuffrè Editore, 1953.

_____. *Principi di Diritto Amministrativo*. vol. I. Milão, Giuffrè Editore, 1974.

ARAUJO, Guilherme San Juan; KNIPPEL, Edson Luz; e ZELANTE, Henrique. "Aspectos penais da Lei n. 12.462, de 5 de agosto de 2011", in Márcio Cammarosano, Augusto Neves Dal Pozzo e Rafael Valim (coords.), *Regime Diferenciado de Contratações Públicas, Aspectos Fundamentais*. 2ª ed. Belo Horizonte, Fórum, 2012.

ARRUDA CÂMARA, Jacintho de. *Obrigações do Estado Derivadas de Contratos Inválidos*. São Paulo, Malheiros Editores, 1999.

BANDEIRA DE MELLO, Oswaldo Aranha. *Da Licitação*. São Paulo, José Buschatsky, 1978.

BANDEIRA DE MELLO, Celso Antônio. *Curso de Direito Administrativo*. 32ª ed. São Paulo, Malheiros Editores, 2015.

_____. "Licitação – Inabilitação indevida sob alegação de débitos fiscais inexpressivos", *Revista Trimestral de Direito Público* 53/143-150. São Paulo, Malheiros Editores.

BARKI, Pinheiro; SANTOS, Murillo Giordan; e VILLAC, Teresa (coords.). *Licitações e Contratações Públicas Sustentáveis*. Belo Horizonte, Fórum, 2011.

BARROS, Márcio dos Santos. *Comentários sobre Licitações e Contratos Administrativos*. 2ª ed. São Paulo, NDJ, 2011.

BIM, Eduardo Fortunato. "Considerações sobre a juridicidade e os limites da licitação sustentável", in BARKI, Pinheiro; SANTOS Giordan, Murillo; e VILLAC, Teresa (coords.). *Licitações e Contratações Públicas Sustentáveis*. Belo Horizonte, Fórum, 2011.

BITTENCOURT, Sidney. *As Licitações Públicas e o Estatuto Nacional das Microempresas*. 2ªed. Belo Horizonte, Fórum, 2010.

BUARQUE DE HOLANDA, Sérgio. *Raízes do Brasil*. 26ª ed., 40ª reimp. São Paulo, Companhia das Letras, 2013.

CAMMAROSANO, Márcio. "Artigos 5º a 7º da Lei n. 12.462, de 5 de Agosto de 2011", in CAMMAROSANO, Márcio; DAL POZZO, Augusto Neves; e VALIM, Rafael (coords.). *Regime Diferenciado de Contratações Públicas, Aspectos Fundamentais*. 2ª ed. Belo Horizonte, Fórum, 2012.

CAMMEO, Federico. *Corso di Diritto Amministrativo*. Pádua, CEDAM, 1960.

CARVALHO FILHO, José dos Santos. *Manual de Direito Administrativo*. 25ª ed. São Paulo, Atlas, 2012.

CINTRA DO AMARAL, Antônio Carlos. *Comentando as Licitações Públicas*. Série Grandes Nomes III. Rio de Janeiro, Temas & Ideias Editora, 2002.

CIRNE LIMA, Ruy. *Princípios de Direito Administrativo*. 7ª ed. São Paulo, Malheiros Editores, 2007.

COELHO MOTTA, Carlos Pinto. *Divulgação Institucional e Contratação de Serviços de Publicidade*. Belo Horizonte, Fórum, 2010.

CSIPAI, Luciana Pires; TERRA, Luciana Maria Junqueira; e UCHIDA, Mara Tieko. "Formas práticas de implementação das licitações sustentáveis: três passos para a inserção de critérios socioambientais nas contratações públicas", in BARKI, Pinheiro; SANTOS Giordan, Murillo; e VILLAC, Teresa (coords.). *Licitações e Contratações Públicas Sustentáveis*. Belo Horizonte, Fórum, 2011.

DALLARI, Adilson; e FERRAZ, Sérgio. *Processo Administrativo*. 3ª ed. São Paulo, Malheiros Editores 2012.

DAL POZZO, Augusto Neves. "Panorama geral dos regimes de execução previstos no regime diferenciado de contratações: a contratação integrada e seus reflexos", in CAMMAROSANO, Márcio; DAL POZZO, Augusto Neves; e VALIM, Rafael (coords.). *Regime Diferenciado de Contratações Públicas, Aspectos Fundamentais*. 2ª ed. Belo Horizonte, Fórum, 2012.

DAL POZZO, Augusto Neves; VALIM, Rafael; e ZOCKUN, Maurício. "O regime diferenciado de contratações". Jornal *Valor Econômico – Legislação e Tributos*. São Paulo, 23.8.2012.

_____; CAMMAROSANO, Márcio; e VALIM, Rafael (coords.). *Regime Diferenciado de Contratações Públicas, Aspectos Fundamentais*. 2ª ed. Belo Horizonte, Fórum, 2012.

DINIZ, Maria Helena. *Compêndio de Introdução à Ciência do Direito*. 8ª ed. São Paulo, Saraiva, 1995.

DI PIETRO, Maria Sylvia Zanella. *Parcerias na Administração Pública*. São Paulo, Atlas, 4ª ed., 2002; 25ª ed., 2012.

FERRARA, Francesco. *Interpretação e Aplicação das Leis*. São Paulo, Saraiva, 1934.

FERRAZ, Sérgio; e DALLARI, Adilson. *Processo Administrativo*. 3ª ed. São Paulo, Malheiros Editores 2012.

BIBLIOGRAFIA

FERREIRA DA ROCHA, Sílvio Luís. *Manual de Direito Administrativo*. São Paulo, Malheiros Editores, 2013.

FIGUEIREDO, Lúcia Valle. *Curso de Direito Administrativo*. 9ª ed. São Paulo, Malheiros Editores, 2008.

GASPARINI, Diógenes. *Comissões de Licitação*. 3ª ed., rev. e atual. por Jessé Torres Pereira Junior. São Paulo, NDJ, 2011.

_____. *Direito Administrativo*. 17ª ed. São Paulo, Saraiva, 2012.

GAUDEMET, Yves; LAUBADÈRE, André de; e VENEZIA, Jean-Claude. *Traitè de Droit Administratif*. t. I, 14ª ed. Paris, LGDJ, 1984.

GORDILLO, Agustín. *Tratado de Derecho Administrativo*. t. I, 5ª ed. Buenos Aires, Fundación de Derecho Administrativo, 1998.

JUSTEN FILHO, Marçal. *Comentários à Lei de Licitações e Contratos Administrativos*. 11ª ed. São Paulo, Dialética, 2005.

KNIPPEL, Edson Luz; ARAUJO, Guilherme San Juan; e ZELANTE, Henrique. "Aspectos penais da Lei n. 12.462, de 5 de agosto de 2011", in Márcio Cammarosano, Augusto Neves Dal Pozzo e Rafael Valim (coords.), *Regime Diferenciado de Contratações Públicas, Aspectos Fundamentais*. 2ª ed. Belo Horizonte, Fórum, 2012.

LAUBADÈRE, André de; GAUDEMET, Yves; e VENEZIA, Jean-Claude. *Traitè de Droit Administratif*. t. I, 14ª ed. Paris, LGDJ, 1984.

MARTINS, Ricardo Marcondes. *Efeitos dos Vícios do Ato Administrativo*. São Paulo, Malheiros Editores, 2008.

_____. "Comissão de licitação na Lei n. 12.462/2011", in CAMMAROSANO, Márcio; DAL POZZO, Augusto Neves; e VALIM, Rafael (coords.). *Regime Diferenciado de Contratações Públicas, Aspectos Fundamentais*. 2ª ed. Belo Horizonte, Fórum, 2012.

MAZZA, Alexandre. "Aspectos atinentes aos pedidos de esclarecimento, impugnações, recursos administrativos e sanções administrativas no regime diferenciado de contratações públicas", in CAMMAROSANO, Márcio; DAL POZZO, Augusto Neves; e VALIM, Rafael (coords.). *Regime Diferenciado de Contratações Públicas, Aspectos Fundamentais*. 2ª ed. Belo Horizonte, Fórum, 2012.

MEIRELLES, Hely Lopes. *Direito Administrativo Brasileiro*. 41ª ed. São Paulo, Malheiros Editores, 2015.

MENDES, Renato Geraldo. *Lei de Licitações e Contratos*. 8ª ed. Curitiba, Zênite, 2011.

_____. *O Processo de Contratação Pública*. Curitiba, Zênite, 2012.

NEGRINI NETO, João. "Hipóteses de desclassificação das propostas e critérios de desempate previstos no regime diferenciado de contratações", in CAMMAROSANO, Márcio; DAL POZZO, Augusto Neves; e VALIM, Rafael (coords.). *Regime Diferenciado de Contratações Públicas, Aspectos Fundamentais*. 2ª ed. Belo Horizonte, Fórum, 2012.

PAZZAGLINI FILHO, Marino. *Lei de Improbidade Administrativa Comentada*. 2ª ed. São Paulo, Atlas, 2005.

PEREIRA JUNIOR, Jessé Torres; e RESTELLATO DOTTI, Marinês. *Da Responsabilidade de Agentes Públicos e Privados nos Processos Administrativos de Licitação e Contratação*. São Paulo, NDJ, 2012.

RESTELLATO DOTTI, Marinês; e PEREIRA JUNIOR, Jessé Torres. *Da Responsabilidade de Agentes Públicos e Privados nos Processos Administrativos de Licitação e Contratação*. São Paulo, NDJ, 2012.

ROQUE CITADINI, Antônio. *Comentários e Jurisprudência sobre a Lei de Licitações Públicas*. 2ª ed. São Paulo, Max Limonad, 1997.

SANTOS, Murillo Giordan; BARKI, Pinheiro; e VILLAC, Teresa (coords.). *Licitações e Contratações Públicas Sustentáveis*. Belo Horizonte, Fórum, 2011.

TERRA, Luciana Maria Junqueira; CSIPAI, Luciana Pires; e UCHIDA, Mara Tieko. "Formas práticas de implementação das licitações sustentáveis: três passos para a inserção de critérios socioambientais nas contratações públicas", in BARKI, Pinheiro; SANTOS, Murillo Giordan; e VILLAC, Teresa (coords.). *Licitações e Contratações Públicas Sustentáveis*. Belo Horizonte, Fórum, 2011.

UCHIDA, Mara Tieko; TERRA, Luciana Maria Junqueira; e CSIPAI, Luciana Pires. "Formas práticas de implementação das licitações sustentáveis: três passos para a inserção de critérios socioambientais nas contratações públicas", in BARKI, Pinheiro; SANTOS, Murillo Giordan; e VILLAC, Teresa (coords.).*Licitações e Contratações Públicas Sustentáveis*. Belo Horizonte, Fórum, 2011.

VALIM, Rafael; CAMMAROSANO, Márcio; DAL POZZO, Augusto Neves (coords.). *Regime Diferenciado de Contratações Públicas, Aspectos Fundamentais*. 2ª ed. Belo Horizonte, Fórum, 2012.

_____; DAL POZZO, Augusto Neves; e ZOCKUN, Maurício. "O regime diferenciado de contratações". Jornal *Valor Econômico – Legislação e Tributos*. São Paulo, 23.8.2012.

VENEZIA, Jean-Claude; GAUDEMET, Yves; e LAUBADÈRE, André de. *Traité de Droit Administratif.* t. I, 14ª ed. Paris, LGDJ, 1984.

VENOSA, Sílvio de Salvo. *Direito Civil – Responsabilidade Civil.* 10ª ed. São Paulo, Atlas, 2010.

VILLAC, Teresa; BARKI, Pinheiro; e SANTOS, Murillo Giordan (coords.). *Licitações e Contratações Públicas Sustentáveis.* Belo Horizonte, Fórum, 2011.

VITTA, Heraldo Garcia. *Aspectos da Teoria Geral no Direito Administrativo.* São Paulo, Malheiros Editores, 2001.

_____. *Mandado de Segurança.* 3ª ed. São Paulo, Saraiva, 2010.

_____. *Poder de Polícia.* São Paulo, Malheiros Editores, 2010.

_____. *Responsabilidade Civil e Administrativa por Dano Ambiental.* São Paulo, Malheiros Editores, 2008.

_____. *A Sanção no Direito Administrativo.* São Paulo, Malheiros Editores, 2003.

_____. "Invalidação dos atos administrativos". *Revista TRF – 3ª Região*, vol. 60. São Paulo, jul.-ago.2003.

ZANCANER, Weida. *Da Convalidação e da Invalidação dos Atos Administrativos.* 3ª ed. São Paulo, Malheiros Editores, 2008.

ZELANTE, Henrique; ARAUJO, Guilherme San Juan; e KNIPPEL, Edson Luz. "Aspectos penais da Lei n. 12.462, de 5 de agosto de 2011", in CAMMAROSANO, Márcio, DAL POZZO, Augusto Neves, e VALIM, Rafael (coords.), *Regime Diferenciado de Contratações Públicas, Aspectos Fundamentais.* 2ª ed. Belo Horizonte, Fórum, 2012.

ZOCKUN, Maurício. "Apontamentos do regime diferenciado de contratação à luz da Constituição da República", in CAMMAROSANO, Márcio; DAL POZZO, Augusto Neves; e VALIM, Rafael (coords.). *Regime Diferenciado de Contratações Públicas, Aspectos Fundamentais.*2ª ed. Belo Horizonte, Fórum, 2012, pp. 22-23.

_____; e DAL POZZO, Augusto Neves; VALIM, Rafael. "O regime diferenciado de contratações".Jornal *Valor Econômico – Legislação e Tributos*. São Paulo, 23.8.2012.

• • •

01171

GRÁFICA PAYM
Tel. [11] 4392-3344
paym@graficapaym.com.br